EDRI 南方电网能源发展研究院
LMERC 南方电网澜湄国家能源电力合作研究中心

中国电力行业投资发展报告

（2021 年）

南方电网能源发展研究院有限责任公司
南方电网澜湄国家能源电力合作研究中心 编著

图书在版编目（CIP）数据

中国电力行业投资发展报告.2021年/南方电网能源发展研究院有限责任公司，南方电网澜湄国家能源电力合作研究中心编著.—北京：中国电力出版社，2021.12

ISBN 978-7-5198-6400-2

Ⅰ.①中…　Ⅱ.①南…　②南…　Ⅲ.①电力工业—研究报告—中国—2021　Ⅳ.①F426.61

中国版本图书馆CIP数据核字（2022）第002124号

出版发行：中国电力出版社
地　　址：北京市东城区北京站西街19号（邮政编码100005）
网　　址：http：//www.cepp.sgcc.com.cn
责任编辑：岳　璐（010-63412339）　邓慧都
责任校对：黄　蓓　于　维
装帧设计：张俊霞
责任印制：石　雷

印　　刷：北京瑞禾彩色印刷有限公司
版　　次：2021年12月第一版
印　　次：2021年12月北京第一次印刷
开　　本：787毫米×1092毫米　16开本
印　　张：10
字　　数：143千字
印　　数：001—800册
定　　价：68.00元

《中国电力行业投资发展报告（2021年）》

编　写　组

组　　长　吴鸿亮

主 笔 人　刘本杰　杨安琪

编写人员　王　玲　陈　洋　彭道鑫　林蔚颖　江雪菲
谢骏骐　杨少瑞　黄哲恒　杨悦勇

前 言
PREFACE

2020 年我国电力行业投资总额 9944 亿元，同比增长 9.6%，实现两连增。电源投资再次超过电网投资，达 5244 亿元，同比大幅增长 29.2%；电网投资总额为 4699 亿元，同比下降 6.3%，为“十三五”期间最低。电源投资中，风电受补贴政策变化影响投资占比连续两年位居第一，高达 49.9%；其次为水电，达到 20.5%；光伏、火电次之，分别为 11.8%、 10.6%。风电、水电、光伏投资占比近两年持续增长，火电、核电投资占比下降。

本报告围绕我国发电行业、电网行业、电价以及典型企业的投资、供应、盈利等与投资密切相关的要素进行了系统梳理和深入分析，并分别进行了前景展望。报告共分为 10 章，第 1 章梳理了 2020 年国内外宏观经济形势环境和电力行业总体投资情况及政策形势；第 2～7 章分别分析了火电、水电、核电、风电、光伏和电网行业 2020 年的投资、供应、盈利情况以及近年来的变化趋势；第 8 章分析了上网电价、输配电价、销售电价、电力市场化交易、电价政策以及电价发展趋势；第 9 章通过企业看行业，分析了 9 家重点发电企业经营状况；第 10 章研究了“双碳”目标对电力行业“源网荷储”投资的影响，进而系统分析总结了“双碳”目标下我国电力投融资的转型创新。

南方电网能源发展研究院有限责任公司致力成为“南网智库、行业智囊”，从 2019 年起推出年度研究报告系列。电力行业属于资金密集型行业，投资是反映行业状况的“晴雨表”，因而投资分析是考察电力发展不可或缺的一个方面。《中国电力行业投资发展报告（2021 年）》是年度研究报告系列之一，为政府部门、电力行业、大中专院校以及社会各界提供系统信息和深度分析。

在本报告的编写过程中，得到了河海大学唐德善教授、国务院国资委宁世昌教高、国家发改委体改所祁玉清研究员、南方电网公司魏志恒高级经济师、深圳供电局陈正飞正高级会计师等专家的大力指导，并获得了国家能源局、中电联、行业协会、电力企业等相关单位的支持，在此表示衷心感谢!

由于作者水平有限，书中难免存在错漏之处，恳请读者谅解并批评指正!

编 者

2021 年 9 月

目 录

CONTENTS

第 1 章

电力行业投资总体形势概述

1.1　国内外宏观经济形势回顾

1.1.1　2020年国际宏观经济形势

新冠疫情影响下，2020年世界经济陷入深度衰退。疫情引发的严防严控冲击了全球产业链、供应链的正常运转，使得需求和供给两端同时减弱，2020年全球经济增长动能缺乏。面对严峻的新冠疫情，各主要经济体出台了一系列规模空前的刺激和救助政策。但由于各国经济结构不同及疫情防控表现不同，疫情对经济的冲击程度也不同。

从发达经济体来看，韩国疫情防控工作相较其他国家而言较为出色，2020年GDP同比仅下降0.96%，经济总量自2018年后再次进入世界前十。美国2020年GDP同比下降3.51%，但随着疫情边际影响的减弱及经济刺激计划的推行，复苏势头较为强劲。欧洲执行了相对强硬的封城政策，欧元区2020年经济下行明显，GDP同比下降6.60%。日本2020年全年GDP同比下降4.83%，为1955年有记录以来的最大降幅，但仍连续第十年稳坐世界第三大经济体的位置。

从新兴经济体来看，俄罗斯近年来经济一直处于疲软状态，2020年更是遭到疫情的重创，GDP同比萎缩2.95%。巴西、印度疫情持续严峻，2020年GDP同比分别下降4.06%和7.97%。2020年主要经济体中，仅中国实现了实际GDP的正增长。2020年世界主要经济体实际GDP增速如表1-1所示。

表1-1　　2020年世界主要经济体实际GDP增速　　单位：%

指　标	美国	欧元区	日本	韩国	俄罗斯	印度	巴西	中国
GDP增速	-3.51	-6.60	-4.83	-0.96	-2.95	-4.06	-7.97	2.3

2021年，随着新增疫情边际回落、疫苗接种的普及和财政刺激作用的发挥，发达经济体增长动能有望再聚集。但全球范围内疫情仍未完全平息，

叠加逆全球化、地缘政治危机、债务危机等风险，世界经济复苏仍存在不确定性。由于不同国家的疫苗接种进度和疫情防控态势不同，部分国家实现群体免疫的时间可能推迟，未来全球经济复苏将持续不均衡的格局。

1.1.2　2020 年国内宏观经济形势

面对严峻复杂的国内外环境，特别是新冠疫情的严重冲击，2020 年我国经济保持了稳定运行，在防控疫情的前提下经济实现恢复性增长，显示了中国经济的强大韧性。一季度我国经济基本停摆，GDP 增长率为-6.80%，出现前所未有的回落；但进入二季度后经济逐渐复苏，到三季度累计 GDP 已经转正。2020 年我国 GDP 增长率为 2.30%，成为全球主要经济体中唯一实现经济正增长的国家。此外，2020 年还是全面建成小康社会的收官之年，“三大攻坚战”取得了决定性成就。2020 年中国实际 GDP 累计值及累计同比如图 1-1 所示。

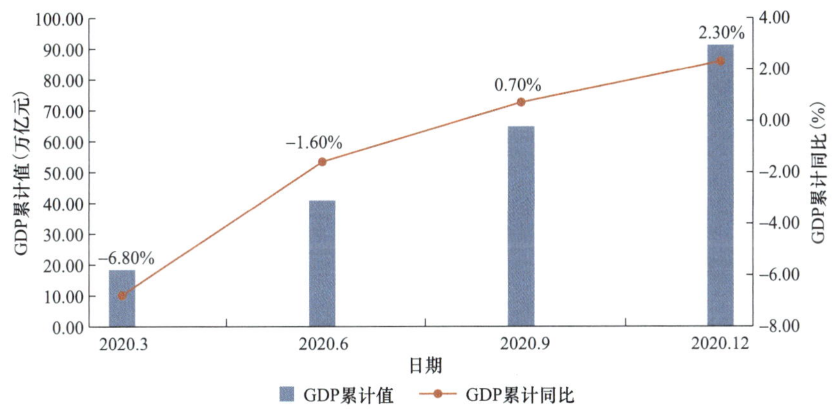

图 1-1　2020 年中国实际 GDP 累计值及累计同比

从三大产业来看，由于疫情对不同产业的冲击存在不确定性，不同行业的复苏并不同步，各经济部门复苏的不均衡成为 2020 年我国经济运行的显著特征。疫情对服务业的负面冲击较大，2020 年第三产业增加值累计值占 GDP 累计值比重下滑最为明显，但在三大产业中占比仍为最高。二季度后，工业和服务业生产持续恢复，第二、第三产业增加值累计同比先后恢复正增长。2020年分季度中国三大产业增加值累计情况如表1-2所示。

表1-2　2020年分季度中国三大产业增加值累计情况　单位：%

指　标	2020年一季度	2020年二季度	2020年三季度	2020年四季度
第一产业增加值累计同比	-3.20	0.90	2.30	3.00
第二产业增加值累计同比	-9.60	-1.90	0.90	2.60
第三产业增加值累计同比	-5.20	-1.60	0.40	2.10
第一产业增加值累计值占GDP累计值比重	4.37	5.39	6.57	7.48
第二产业增加值累计值占GDP累计值比重	36.76	39.12	39.21	39.45
第三产业增加值累计值占GDP累计值比重	58.87	55.50	54.22	53.07

从三大需求来看，2020年资本形成总额对经济增长的拉动作用最大，其次为货物和服务净出口，消费对经济增长的拉动作用为负。受疫情影响，一方面居民收入下降，另一方面居民活动半径缩小，导致消费恢复较慢。疫情在全球范围内的扩散冲击了全球产业链供应链，极大影响了国内产品和服务的出口，但二季度后随着国内疫情防控态势好转及供给能力逐渐恢复，中国供应链和产业链的优势得到了充分发挥，外需出现超预期反弹，出口对经济增长的拉动也由负转正。面对疫情冲击，政府迅速出台“六稳”“六保”政策，宏观政策力度显著高于往年，加之全面推动新基建布局，显著发挥了投资对GDP增长的拉动作用。2020年中国三大需求对GDP累计同比的拉动如图1-2所示。

从物价水平来看，受食品和消费品价格下跌及服务业受损的影响，2020年CPI呈明显下行趋势。2020年PPI年内下跌后回升，主要受大宗商品能源价格先跌后涨的影响。受疫情影响，2020年全年PPI均处于低位，但由于国内经济持续复苏，2021年PPI将显著上行。2020年中国CPI及PPI当月同比如图1-3所示。

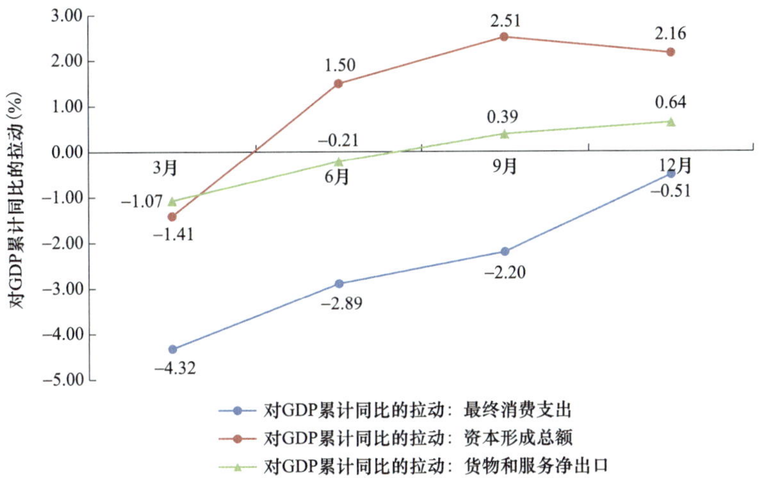

图 1-2　2020 年中国三大需求对 GDP 累计同比的拉动

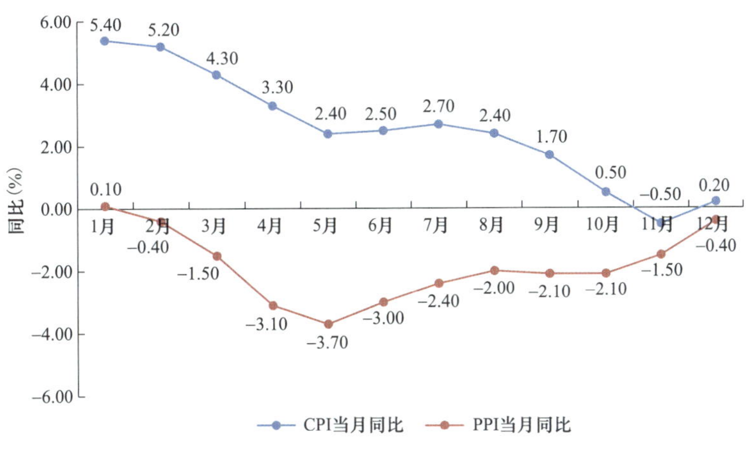

图 1-3　2020 年中国 CPI 及 PPI 当月同比

1.2　电力行业投资现状

本报告中电力行业包括火电、水电、核电、风电、光伏、电网等细分行业。电力行业如无特殊说明，均指中国电力行业。

1.2.1　投资规模

2020 年我国电力行业投资总额为 9944 亿元，同比增长 9.60%，实现了两连增。其中，电源投资总额为 5244 亿元，同比上升 29.16%，连续两年实现大幅增长；电网投资总额为4699亿元，同比下降6.25%，连续两年下降，为“十三五”期间最低。近十年来，电力行业投资结构出现较大变化，2014年前，电源投资高于电网投资；自2014年起，电网投资反超电源投资，2018年二者之差达到历史最高；而经过两年的快速增长，2020年电源投资重新超过电网投资。2010—2020年我国电力行业投资规模如图1-4所示。

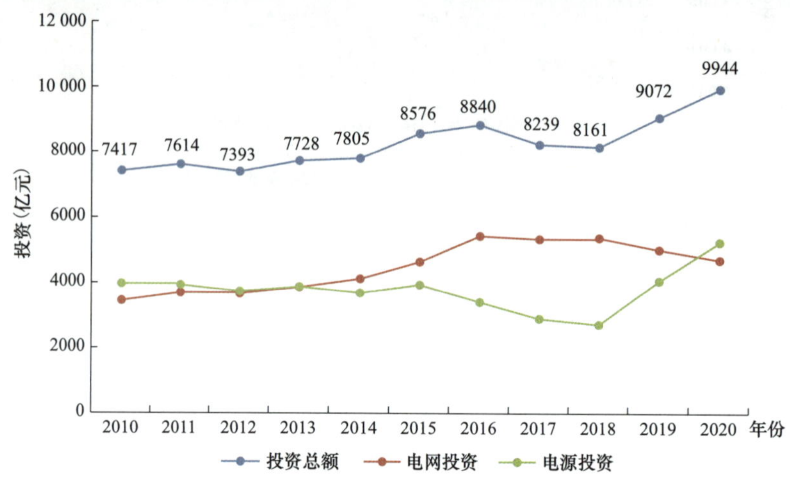

图1-4 2010—2020年我国电力行业投资规模

从新增建设规模来看，2020年新增发电装机容量19 087万kW，同比大幅上升81.76%；新增220kV及以上输电线路长度为3.5万km，比上年少投产883km；新增220kV以上变电设备容量为2.2亿kVA，比上年少投产1526万kVA。2010—2020年我国新增电力建设规模如表1-3所示。

表1-3 2010—2020年我国新增电力建设规模

年份	2010	2011	2012	2013	2014	2015	2016	2017	2018	2019	2020
新增发电装机容量（万kV）	9124	9436	8315	10 222	10 443	13 184	12 143	13 044	12 775	10 501	19 087
新增变电设备容量（万MVA）	25 813	21 971	18 841	19 831	22 358	21 902	24 394	24 231	22 214	23 814	22 288
新增输电线路长度（km）	41 483	35 167	34 229	38 927	35 967	33 248	34 999	41 413	41 092	35 912	35 029

1.2.2　投资结构

受风电和光伏项目平价上网政策影响，风电及光伏出现大规模抢装，其投资规模近两年大幅上涨，2020 年风电新增投资在电源新增总投资中的占比高达 49.92%，光伏新增投资占比为 11.78%。能源转型的大背景下，水电新增投资近两年也稳步上涨，2020 年水电新增投资占比为 20.54%；火电及核电新增投资呈下滑趋势，2020 年新增投资占比分别为 10.55% 和 7.21%。“十三五”期间，受能源转型和供给侧结构性改革等影响，火电新增投资下降最为明显，从 2016 年的新增投资占比第一位下滑至 2020 年的第四位。2010—2020 年电源新增投资结构及发展如图 1-5 所示。

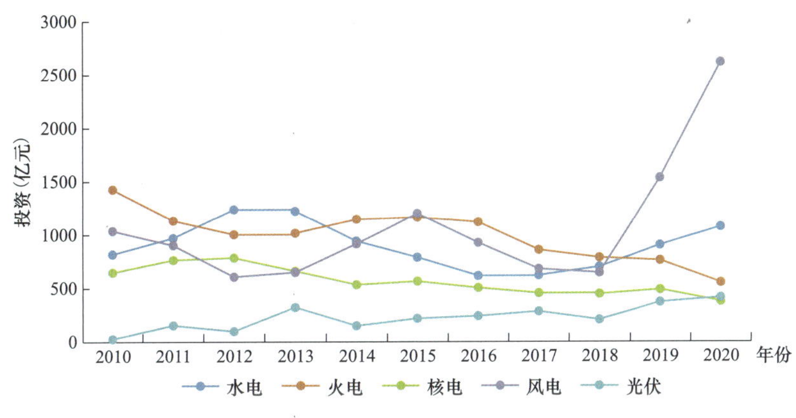

图 1-5　2010—2020 年电源新增投资结构及发展

从电源新增装机规模结构及发展来看，与电源新增投资总额类似，2020 年水电、风电新增容量快速增加，同比增幅分别达到 197.30%及 178.65%。此外，光伏新增容量也同比大幅上升 81.75%。与此同时，核电新增容量降幅明显，同比下降 44.55%。结构上看，风电超越火电在各类电源新增装机规模中的占比跃升为第一，占比达到 37.60%。“十三五”以来，随着清洁能源的不断发展，火电新增装机容量持续下降。2010—2020 年电源新增装机结构及发展如图 1-6 所示。

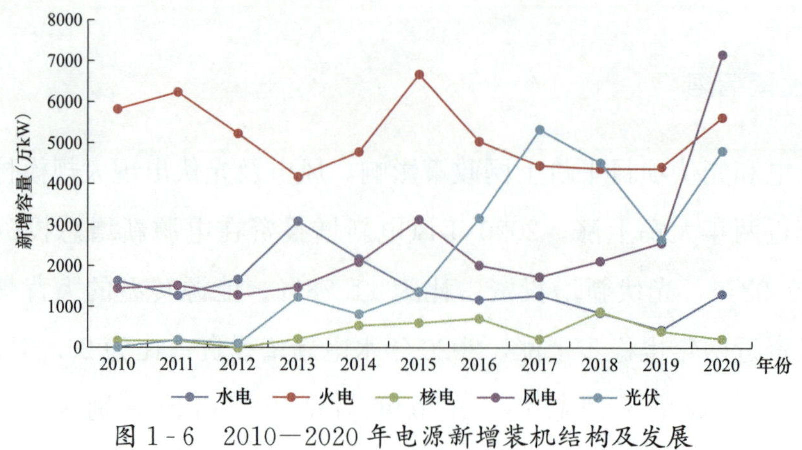

图 1-6　2010—2020 年电源新增装机结构及发展

1.2.3　投资效果

（1）发电量与发电设备利用小时。2020 年全国发电量达到 76 236 亿 kWh，同比增长 4.05%，近 10 年来保持稳定增长趋势；2020 年 6000kW 及以上电厂发电设备利用小时数为 3758h，同比降低 70h，近 10 年来整体呈缓步下降趋势。2010—2020 年全国发电量与发电设备利用小时如图 1-7 所示。

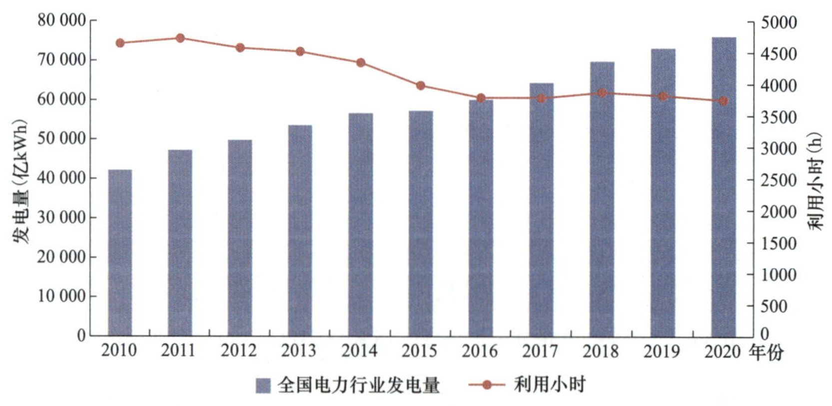

图 1-7　2010—2020 年全年发电量与发电设备利用小时

（2）净资产收益率均值。分行业来看，电网企业收益率相对较低（低于同期发行的五年期国债利率[1]），且历年来波动幅度较小；2015 年以来，水电企业收益率开始超过火电。2020 年在新冠疫情的冲击下，电网企业严格

[1] 2020 年发行的 5 年期储蓄国债利率为 3.97%。

落实降电价、稳投资等政策，净资产收益率显著下降，平均净资产收益率仅为 2.09%，较 2019 年下降 1.21 个百分点。2020 年火电主要企业净资产收益率平均值较 2019 年上升 1.85 个百分点，水电主要企业净资产收益率平均值与 2019 年持平，但由于与火电相比，水电具有突出的成本优势，水电企业收益率仍高于火电企业。2010—2020 年火电、水电和电网主要企业[1]净资产收益率平均值如图 1-8 所示。

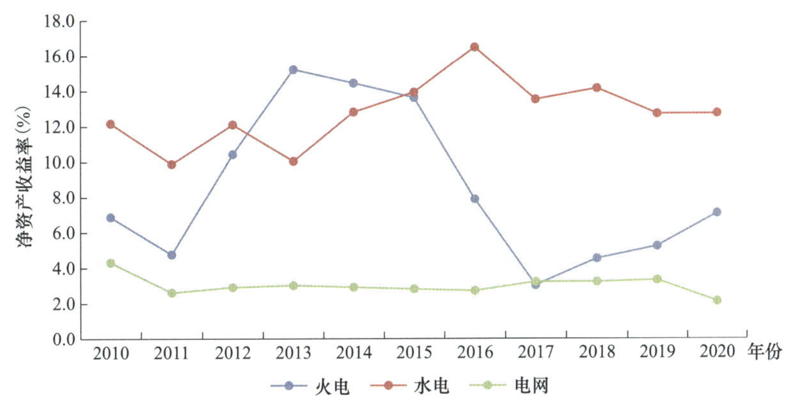

图 1-8　2010—2020 年主要电力企业净资产收益率平均值

1.3　电力行业发展形势

1.3.1　能源领域形势

(1) 全球原油价格大幅波动。2020 年，受新冠疫情、世界经济衰退、原油供需失衡等因素影响，国际市场原油价格一度暴跌，2020 年 4 月甚至出现了负油价。随着经济逐渐恢复，原油价格缓慢回升，到 2020 年 12 月底已恢复到约 48 美元/桶。

(2) 能源供给侧结构性改革持续深化。2020 年，能源行业供给侧改革持续深化，以高质量的能源供给适应、引领和创造新需求，实现更高水平的

[1] 火电和水电数据样本为上市企业，高于整个行业平均水平。

供需适配。煤炭煤电产能结构不断优化，推动煤炭绿色开发利用。国家能源局下达2020年煤电行业淘汰落后产能目标任务733.35万kW，要求各地结合实际情况，对于未纳入国家年度淘汰落后产能目标任务，已停运多年、短期内不具备恢复生产条件的“僵尸”煤电机组，推动企业尽快完成淘汰关停工作。

（3）可再生能源持续高速发展。2020年，可再生能源实现高质量增长。其一，可再生能源装机规模稳步扩大，截至2020年底，我国可再生能源发电装机达到9.34亿kW，同比增长约17.5%。其二，可再生能源发电量持续增长，2020年全国可再生能源发电量达22 148亿kWh，同比增长约8.4%。其三，可再生能源利用率保持较高水平，2020年，全国主要流域弃水电量约301亿kWh，水能利用率约96.6%，较上年同期提高0.73个百分点；全国弃风电量约166亿kWh，平均利用率97%，较上年同期提高1个百分点；全国弃光电量52.6亿kWh，平均利用率98%，与去年平均利用率持平。

（4）能源供应和安全得到有力保障。2020年，能源供给保障体系不断健全，支撑经济社会秩序全面恢复。能源生产企业克服疫情不利影响，全年规模以上工业能源生产稳定增长。全年原煤产量38.4亿t，比上年增长0.9%；原油产量1.9亿t，比上年增长1.6%。电力生产企业积极复工复产，电网企业加大投资力度，有效保障了人民群众的用电需求。

1.3.2 电力行业形势

（1）继续降低一般工商业电价，推动降低企业生产经营成本。2020年政府工作报告指出，为推动降低企业生产经营成本，降低工商业电价5%政策延长到2020年底。2020年2月，国家发展改革委发布《关于疫情防控期间采取支持性两部制电价政策降低企业用电成本的通知》，在疫情防控期间采取支持性电价政策，重点减免两部制电力用户容（需）量电费支出，降低企业用电成本，支持企业共渡难关。2020年7月，国家发改委印发《关于

做好2020年降成本重点工作的通知》，其中指出继续降低一般工商业电价：降低除高耗能行业用户外的现执行一般工商业、大工业电价的电力用户到户电价5%至年底；全面完成第二监管周期省级和区域电网输配电价核定，指导各地落实燃煤发电上网电价形成机制，开展电价改革相关政策跟踪评估；扩大电力市场化交易规模。

(2) 国补退出时间明确，风电、光伏迎来抢装潮。2020年1月，财政部、国家发展改革委和国家能源局联合发布《关于促进非水可再生能源发电健康发展的若干意见》（财建〔2020〕4号）。《意见》明确指出新增海上风电不再纳入中央财政补贴范围，按规定完成核准（备案），并于2021年12月31日前全部机组完成并网的存量海上风力发电项目，按相应价格政策纳入中央财政补贴范围，即2022年新增海上风电项目国补将正式取消。根据2019年发布的《关于完善风电上网电价政策的通知》（发改价格〔2019〕882号），2019年1月1日至2020年底前核准的陆上风电项目，2021年底前仍未完成并网的，国家不再补贴；自2021年1月1日开始，新核准的陆上风电项目全面实现平价上网，国家不再补贴。

2021年6月11日，国家发改委发布《关于2021年新能源上网电价政策有关事项的通知》（发价格〔2021〕833号）。《通知》明确：①2021年起，对新备案集中式光伏电站、工商业分布式光伏项目和新核准陆上风电项目，中央财政不再补贴，实行平价上网。②2021年新建项目上网电价，按当地燃煤发电基准价执行；新建项目可自愿通过参与市场化交易形成上网电价，以更好体现光伏发电、风电的绿色电力价值。③2021年起，新核准（备案）海上风电项目、光热发电项目上网电价由当地省级价格主管部门制订，具备条件的可通过竞争性配置方式形成，上网电价高于当地燃煤发电基准价的，基准价以内的部分由电网企业结算。④鼓励各地出台针对性扶持政策，支持光伏发电、光热发电等新能源产业持续健康发展。

综上所述，2021年及以后年份新核准陆上风电项目、2022年及以后年份新核准海上风电项目将不再享受国家补贴，2021年及以后新增光伏不再享受国家补贴。因此，风电、光伏行业爆发“抢装潮”，2020年新增投资大幅上涨。

(3) 构建以新能源为主体的新型电力系统。2020年9月22日，第七十五届联合国大会一般性辩论会上，中国对国际社会承诺，力争在2030年前二氧化碳排放达到峰值，努力争取2060年前实现碳中和。2021年3月，中央财经委员会第九次会议指出，要构建清洁低碳安全高效的能源体系，控制化石能源总量，着力提高利用效能，实施可再生能源替代行动，深化电力体制改革，构建以新能源为主体的新型电力系统。新型电力系统是实现“双碳”目标的重要举措。国家发改委将研究出台相关政策措施，推进能源体系清洁低碳发展，稳步推进水电发展，安全发展核电，加快光伏和风电发展，完善清洁能源消纳长效机制。

(4) 电力企业数字化转型进一步发展。随着可再生能源发电占比的提升、电网互联规模的扩大以及能源、信息、交通网的日渐融合，电力企业加快数字化转型以提高运营管理的灵活性、安全性、高效性已经成为不可逆转的潮流。以新一代数字技术为代表的第四次工业革命正在向经济社会各领域全面渗透，也引领着电力行业加快变革。国家电网成立了大数据中心，推动形成数据驱动型创新体系和发展模式，加快实现电网生产、企业经营、客户服务等全领域的数字化转型。南方电网率先提出“数字电网”概念，发布了全球首份《数字电网白皮书》及《数字电网推动构建以新能源为主体的新型电力系统白皮书》，全力推进数字化转型和数字电网建设。

1.3.3 电力体制改革进展

(1) 输配电价监管体系进一步完善。2020年9月30日，国家发展改革委根据《区域电网输电价格定价办法》（发改价格规〔2020〕100号）和《省级电网输配电价定价办法》（发改价格规〔2020〕101号）有关规定，在

完善定价制度、严格成本监审的基础上，核定了第二监管周期华北、华东、华中、东北、西北区域电网输电价格，制定出台了省级电网第二监管周期输配电价，印发了《关于核定 2020～2022 年区域电网输电价格的通知》（发改价格规〔2020〕1441 号）、《关于核定 2020～2022 年省级电网输配电价的通知》（发改价格规〔2020〕1508 号），实现了输配电价水平的稳中有降，标志着我国输配电价监管体系进一步完善。

（2）电力交易机构股份制改造加快。2020 年 2 月，国家发展改革委、国家能源局印发《关于推进电力交易机构独立规范运行的实施意见》（发改体改〔2020〕234 号），明确电力交易机构单一股东持股比例不得超过 50%。2020 年 4 月，国家电网在北京产权交易中心挂牌陕西、西藏和青海三个电力交易中心增资项目，拟通过增资扩股的方式，分别向社会资本转让部分股份，以募集资金、实施股权多元化。2020 年 9 月，广州电力交易中心有限责任公司增资项目在北京产权交易所正式披露，增资完成后，南方电网公司持股比例由 66.7%降至约 39%，在全国率先实现电力交易机构中电网企业持股比例降至 50%以下。

（3）电力中长期交易规则进一步完善。为深化电力市场建设，进一步指导和规范各地电力中长期交易行为，适应现阶段电力中长期交易组织、实施、结算等方面的需要，2020 年 6 月，国家发展改革委、国家能源局联合发布了《电力中长期交易基本规则》（发改能源规〔2020〕889 号），在 2016 年发布的暂行规则基础上，从市场主体的权利与义务、市场准入退出、交易品种、交易方式、价格机制、合同签订与履行、市场监管和风险防控等方面进行了补充、完善和深化。

（4）电力现货市场建设持续推进。为落实《中共中央国务院关于进一步深化电力体制改革的若干意见》（中发〔2015〕9 号）及其配套文件精神，适应电力现货市场试点地区连续试结算工作需要，国家发展改革委、国家能源局于 2020 年 3 月联合印发了《关于做好电力现货市场试点连续试结算相关工作的通知》（发改办能源规〔2020〕245 号）。《通知》强调了电力现货市场与中长期市场的衔接关系，明确了不平衡资金的处理原则，强调了电力现货市场价格信号对电力生产、消费的引导作用，对市场运营机构和技术支持系统开发方提出中立性要求，对试点第一责任单位提出动态完善市场机制的工作要求。第一批入围电力现货市场的 8 个试点在 2020 年陆续启动了整月结算试运行工作，但从各现货试点的建设、运行情况来看，仍处于探索阶段。

（5）电力辅助服务市场建设加快。新能源的大规模接入给电力系统的安全稳定带来了新的挑战，电力辅助服务市场有助于解决这一难题。2020 年，各地电力辅助服务市场相关政策加快出台。1 月，河南省发布《河南电力调峰辅助交易规则（试行）》，新疆发布《新疆电力辅助服务市场运营规则》，甘肃印发《甘肃省电力辅助服务市场运行暂行规则》；4 月，福建调频辅助服务市场在试运行一年后转入正式运行；5 月，湖南省电力辅助服务市场开始模拟运行；6 月，湖北省印发《湖北电力调峰辅助服务市场运营规则（试行）》，福建省印发《福建省电力调峰辅助服务交易运行规则（试行）》；7 月，江苏省印发《江苏电力辅助服务（调频）市场交易规则（试行）》；10 月，云南印发《云南调频辅助服务市场试运行方案》；11 月，江西省印发《江西省电力辅助服务市场运营规则（试行）》；12 月，山西出台《用户侧参与电力辅助服务市场交易实施细则》，南方能源监管局审定了《南方区域调频辅助服务市场试运行方案》。

（6）增量配电改革进展缓慢。2020 年 8 月，国家发改委、国家能源局发布《关于开展第五批增量配电业务改革试点的通知》（发改运行〔2020〕1310 号），公布第五批增量配电业务改革试点，允许在本轮输配电价核定后启动试点项目。《通知》提出增量配电业务改革试点应按照市场化原则推进，强化风险自担；鼓励具备条件的省（区、市）自行确定和公布试点项目。但中国能源研究会于 2021 年 3 月发布的《2020 年增量配电发展研究白皮书》显示，自增量配电改革启动以来，国家发改委、国家能源局分五批次明确了 459 个试点，其中，在前四批 404 个试点中，只有 202 个试

点确定招标方式、250 个试点确定业主、118 个试点公布股比、150 个试点确定供电范围、138 个试点取得电力业务许可证（供电类）。影响试点落地的主要问题包括电价、公平接入电源、调度、存量资产处置、区域划分等，均是涉及增量配电试点项目合法权益的关键问题。国家坚持改革态度明朗，但多方原因致使众多项目试点落地困难，社会资本投资积极性受挫，改革仍在困难中前行。

第 2 章

火电投资及发展形势分析

2.1　火电投资情况

2.1.1　投资规模

2020年我国火电投资553亿元，同比降低207亿元，已连续五年下降，同比降幅达27.2%。

近十年来，我国火电投资总体呈现波动中明显下降的趋势，由2010年1426亿元降至2020年553亿元，总体降幅达到61.2%。2010—2020年火电投资规模如图2-1所示。

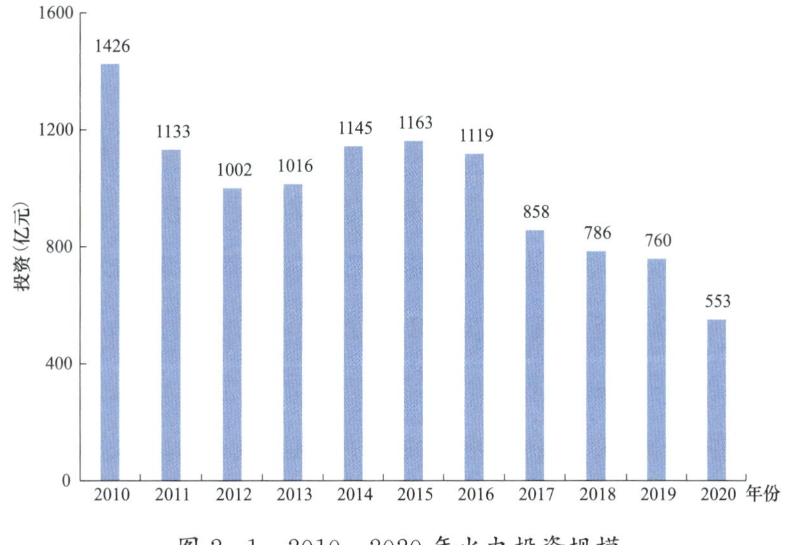

图2-1　2010—2020年火电投资规模

火电投资在电源总投资中占比连续两年大幅下降，2020年降至10.5%，同比降低8.2个百分点，为2003年火电投资热潮兴起以来最低水平。随着我国提出“双碳”目标，以化石能源为主体的能源结构将朝向低碳清洁转型，火电投资受到严格管控，预期将长期处于较低比例。2010—2020年火电投资在电源总投资中占比如图2-2所示。

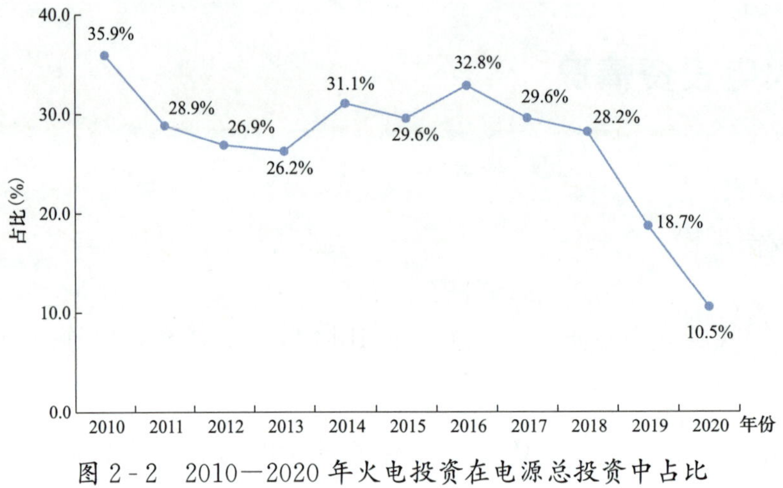

图 2 - 2　2010—2020 年火电投资在电源总投资中占比

2. 1. 2　成本情况

火电成本是行业投资吸引力、行业投资回报的重要影响因素。本报告重点分析火电主要运行成本，即电煤采购成本。

电煤采购成本在煤电总成本中占比 70%左右，电煤价格对火电企业的重要性不言而喻。出于数据特点和报告延续性等因素考虑，本报告采用 CECI 沿海指数作为电煤价格分析依据。中国电煤采购价格指数（CECI）5500 大卡综合价和成交价具体如图 2 - 3 所示，其中根据国家发展改革委印发的《关于印发平抑煤炭市场价格异常波动的备忘录的通知》（发改运行〔2016〕2808 号），煤炭价格正常以绿线所构区间表示（绿色区间，500～570 元/t），价格轻度上涨或下跌以绿线和红线所构区间表示（蓝色区间，570～600 元/t 或 470～500 元/t），价格异常上涨或下跌以红线以上或以下表示（红色区间，600 元/t 以上或 470 元/t 以下）。

2020 年 1—10 月，电煤综合价基本稳定于绿色区间，成交价仅有少数月份突破绿色区间。2020 年 11 月起，电煤价格出现“飞涨”。2021 年 2 月，电煤价格回落至绿色区间边缘，市场相对平稳。2021 年 3 月以来，煤价一反淡季常态，再次大幅上行。

煤价大幅上涨并持续高位运行，导致电煤采购成本大幅增加，将加剧火

电行业经营状况恶化。为平抑煤炭市场，2021 年 5 月 21 日，中国煤炭工业协会和中国煤炭运销协会联合发布《关于做好迎峰度夏期间保供稳价工作的倡议书》，倡议煤炭企业在确保安全生产前提下保供应、增产量。目前，煤炭市场供不应求的状态难以改善，但随着政策调控力度不断加码，将提升煤炭资源保障能力，引导市场价格逐步回归合理区间。同时，全国各地自 2021 年 6 月起陆续进入主汛期，水电发电出力增加，可缓解火力发电压力。短期来看，煤价难以大幅回落；长期来看，煤价会企稳后缓慢下降，最终回归理性区间。

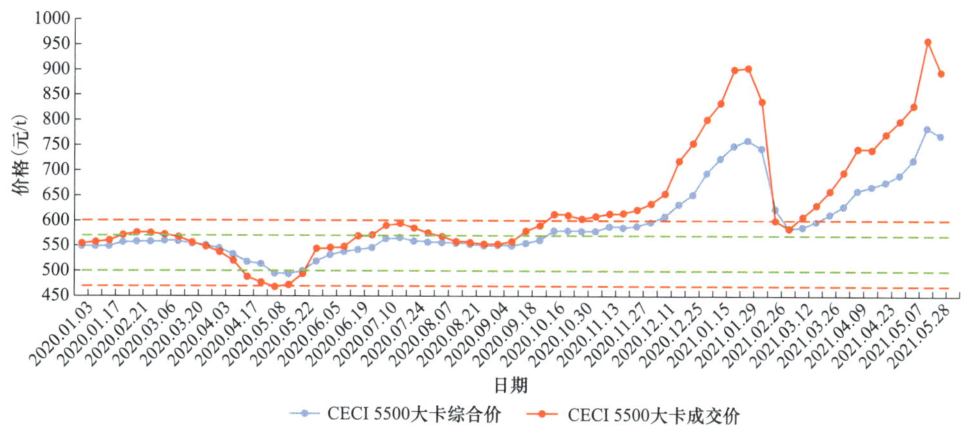

图 2-3 中国电煤采购价格指数（CECI 沿海指数）周价格

2.1.3 煤电规划建设风险预警情况

2017—2020 年，国家能源局持续公布了 2020—2023 年分省煤电规划建设风险预警结果，以增强电力、热力供应保障能力，指导地方和发电企业按需有序核准、建设省内自用煤电项目，引导企业理性投资。预警结果从经济性预警情况、装机充裕度预警情况、资源约束预警情况等多个维度描绘火电整体投资状况。本报告就与投资更相关的经济性预警情况和装机充裕度预警情况进行分析。

经济性预警指标评价结果分为红色、橙色和绿色三种状态。投资回报率低于当期中长期国债利率的为红色预警；投资回报率在当期中长期国债利率至一般项目收益率（电力项目通常为8%）之间的为橙色预警；投资回报率高于一般项目收益率的为绿色。煤电装机充裕度预警指标评价结果分为红色、橙色和绿色三种状态。煤电装机明显冗余、系统备用率过高的为红色预警；煤电装机较为充裕、系统备用率偏高的为橙色预警；电力供需基本平衡或有缺口的、系统备用率适当或者偏低的为绿色。

2020—2023年，对于火电经济性情况，约三分之一省份处于红色预警状态，但整体稳定，变化不大；对于火电装机充裕度，随着经济社会发展和煤电增量控制，火电装机冗余的局面得到了一定改善。2020—2023年煤电规划建设风险预警省份数量评价结果如表2-1所示。

表2-1　2020—2023年煤电规划建设风险预警省份数量评价结果　单位：个

情　况	状态	2020年	2021年	2022年	2023年
经济性预警情况	红色	11	8	10	10
	橙色	3	3	2	1
	绿色	17	20	19	20
装机充裕度情况	红色	3	17	8	3
	橙色	4	4	2	3
	绿色	24	10	21	25

注　1. 内蒙古分蒙东和蒙西统计；河北分冀南和冀北统计。西藏和北京未来不发展煤电，不在统计范围内。

2. 统计范围不包括我国港澳台地区，全书同。

2.1.4　投资政策环境

2019年10月，国家发改委印发《关于深化燃煤发电上网电价形成机制改革的指导意见》，其中主要的改革举措为：①将现行标杆上网电价机制改为“基准价+上下浮动”的市场化价格机制，基准价按各地现行燃煤发电标杆上网电价确定，浮动幅度范围为上浮不超过10%、下浮原则上不超过15%。②现执行标杆上网电价的燃煤发电量中，具备市场交易条件的，上网电价由市场化方式在“基准价+上下浮动”范围内形成。此次改革将燃煤发电标杆上网电价和煤电价格联动机制改为市场化浮动价格机制，能够更有效

反映电力供求变化，更及时地调整电价，更有利于促进电力市场加快发展，保障行业上下游平稳运行。为支持实体经济发展，2020 年上网电价暂不上浮。短期看，由于电力行业产能过剩，暂不上浮的市场化价格机制加剧了竞价竞争，压缩了火电企业利润；中长期看，在煤炭成本大幅回落可能性较小的背景下，上网电价预期上浮，有利于改善煤电企业盈利状况。

受煤价高企、煤电产能过剩、市场竞价加剧等因素叠加影响，煤电企业生产经营陷入严重困境，如 2018－2019 年，火电企业亏损面连续两年超过 50%，多发生在西北和西南地区，其正常生产经营已难以为继。2019 年，国资委印发《中央企业煤电资源区域整合试点方案》。该方案是从解决产能过剩和同质化竞争的角度出发，试点经营改善效果，以期扭转当前大量亏损的局面。同时方案还要求严格控制新增产能，属于国内电力产能预警红色和橙色等级的省区，自开展煤电资产重组起，原则上停止新建煤电投资项目、新增产能的煤电技术改造项目，确需新立项的项目需征得区域牵头单位同意。方案明确了华能牵头甘肃，大唐牵头陕西，华电牵头新疆，国电投牵头青海，国家能源集团牵头宁夏。

2020 年 5 月 22 日，国资委印发《关于印发中央企业煤电资源区域整合第一批试点首批划转企业名单的通知》。甘肃、陕西、新疆、青海和宁夏 5 个试点区域 48 户煤电企业（或项目）中 40 户进行划转，划转后将形成“一家央企一个省区”的格局，试点省份煤电主体大幅减少，基本仅剩牵头能源集团及地方能源集团，煤电企业的议价能力得到提升。

2.2　火电供应情况

火电供应总量虽仍在增加，但增速明显放缓。火电发电量增速和利用小时水平均处于历史较低水平。

2.2.1　装机容量

（1）新增装机容量。2020 年火电新增装机容量 5637 万 kW，同比增加

1214万kW。经历了2016年开始对煤电停建、缓建的供给侧结构性改革后，火电在低位稳定的状态下逆势提升。2010—2020年火电新增装机容量如图2-4所示。

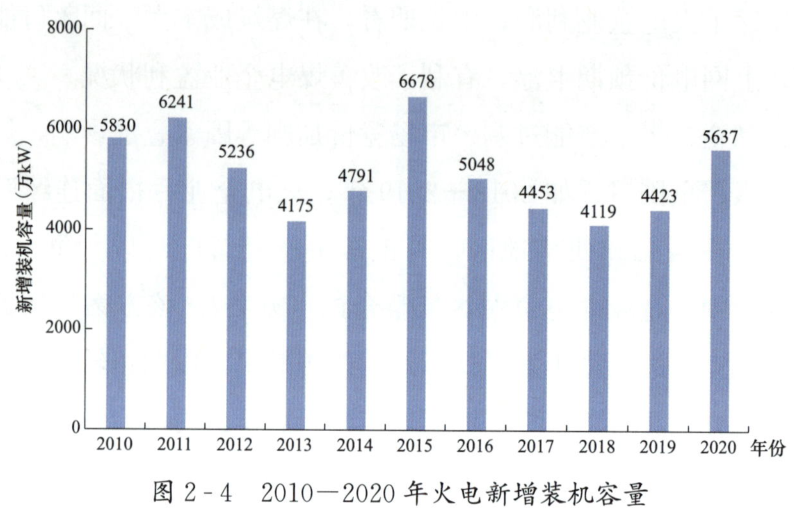

图2-4　2010—2020年火电新增装机容量

（2）装机容量。

1）火电装机发展现状及趋势。2020年火电装机容量124 517万kW，呈现出两个特征：①燃煤机组装机仍是火电装机的绝对主力，但占比逐渐降低，2020年燃煤机组装机容量占比进一步降至86.7%，是近年来的最低水平；②煤电持续清洁转型与高效发展，落后煤电机组被关停淘汰。2020年底全口径煤电装机容量10.8亿kW，占总装机容量的比重为49.1%，首次降至50%以下。根据中电联发布的《电力行业“十四五”发展规划研究》，2025年煤电装机规模将力争控制在12.3亿kW以内，仅剩余1.5亿kW的增量空间，“十四五”平均每年净增长不超过3000万kW。2010—2020年火电装机容量如图2-5所示。

2）火电装机容量在电源总装机容量中占比。随着近年来可再生能源的高速发展，2010年以来我国火电装机容量在电源总装机容量中占比呈逐年小幅降低的趋势，2020年占比同比降低2.6个百分点，跌至56.6%，连续两年处于60%以下。2010—2020年火电装机容量在我国电源总装机容量中占比如图2-6所示。

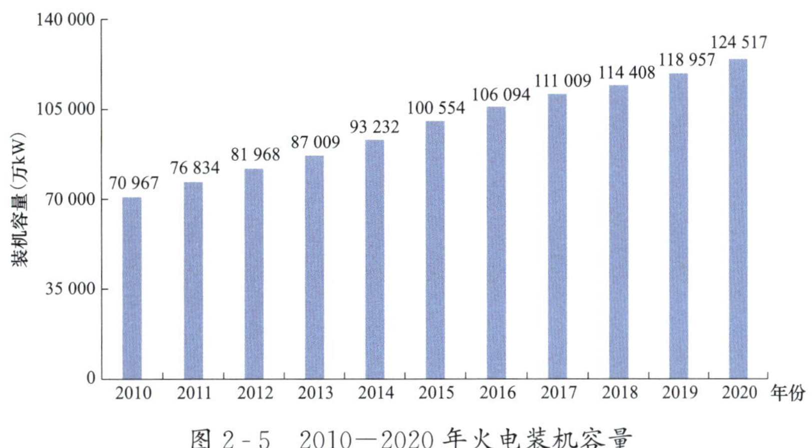

图 2-5　2010—2020 年火电装机容量

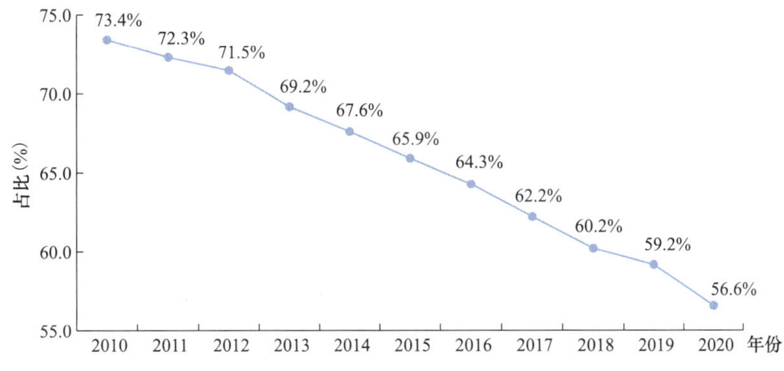

图 2-6　2010—2020 年火电装机容量在我国电源总装机容量中占比

（3）2020 年各省火电装机容量。2020 年全国火电装机前两省份为山东和江苏，分别达到 11 135 万 kW 和 10 079 万 kW。广东火电装机容量超过内蒙古成为第三，达到 9550 万 kW。山东、江苏、广东、内蒙古、河南、山西和浙江七省累计装机 6.0 亿 kW，约占全国火电总装机容量的 50%。全国仅 11 省份装机容量超过全国平均水平，火电装机区域上较为集中。2020 年各省火电装机容量如图 2-7 所示。

2.2.2　发电量

（1）火电发电量现状及发展趋势。2020 年火电发电量连续两年超过 5 万亿 kWh，达到 51 743 亿 kWh，同比增长 1278 亿 kWh，同比增速 2.5%，较 2010 年以来的年均增速 4.2%低 1.7 个百分点。增速处于 2011 年以来较

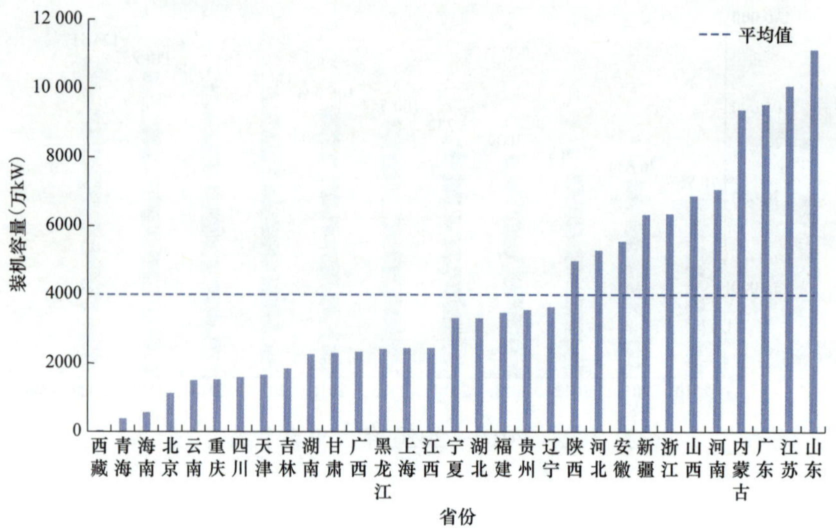

图 2-7　2020 年各省火电装机容量

低水平。

2010 年以来，我国火电发电量呈现波动中有所增长的发展趋势，发电量由 2010 年 34 166 亿 kWh 增至 2020 年 51 743 亿 kWh，总体增幅 51.4%。发电结构方面，燃煤发电量占比逐年降低，2020 年占比 89.5%，首次低于 90%，燃气发电则以显著高于火电同期增速的水平持续增长。2010—2020 年火电发电量如图 2-8 所示。

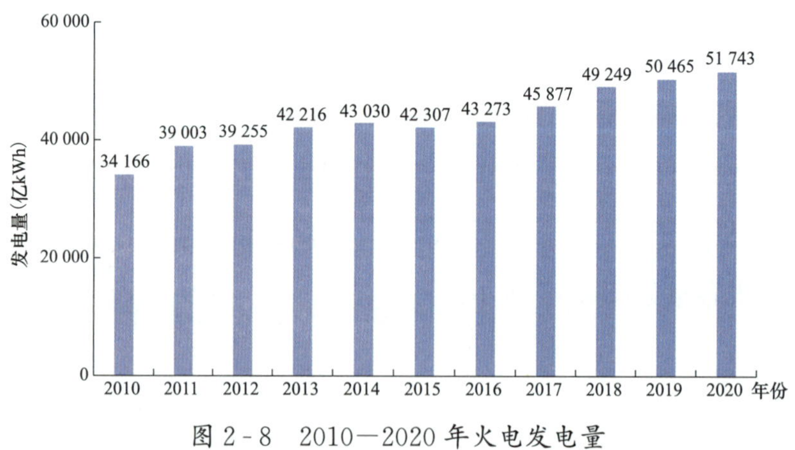

图 2-8　2010—2020 年火电发电量

（2）火电发电量在全国发电总量中占比。随着我国能源结构朝向低碳清洁转型，火电发电量在全国发电总量中占比呈逐年降低态势，2020 年占比

为 67.9%，同比降低了 1 个百分点，已连续两年低于 70%。2010—2020 年火电发电量在全国发电总量中占比如图 2-9 所示。

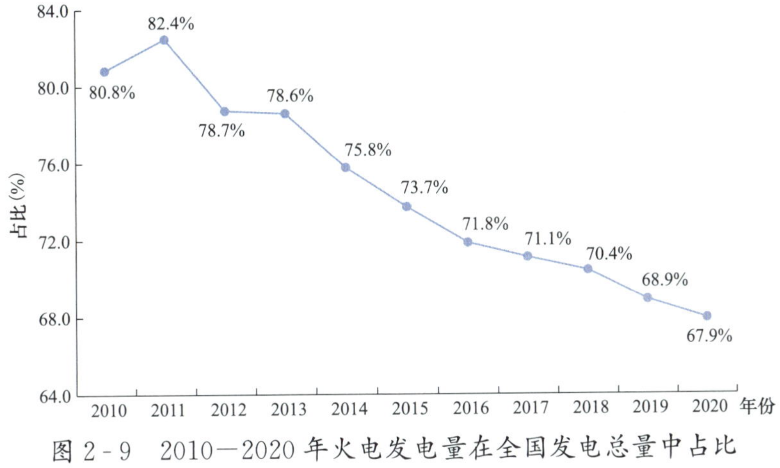

图 2-9　2010—2020 年火电发电量在全国发电总量中占比

（3）2020 年各省火电发电量情况。2020 年山东、内蒙古和江苏三省火电发电量居全国前三，均超过 4000 亿 kWh，其中山东和内蒙古同比升高，江苏同比下降。山东、内蒙古、江苏、广东、新疆、山西、安徽七省份发电量总和达 26 194 亿 kWh，约占全国火电总发电量的 50%，全国仅 11 省份火电发电量超过平均水平，区域上较为集中。各省火电发电量如图 2-10 所示。

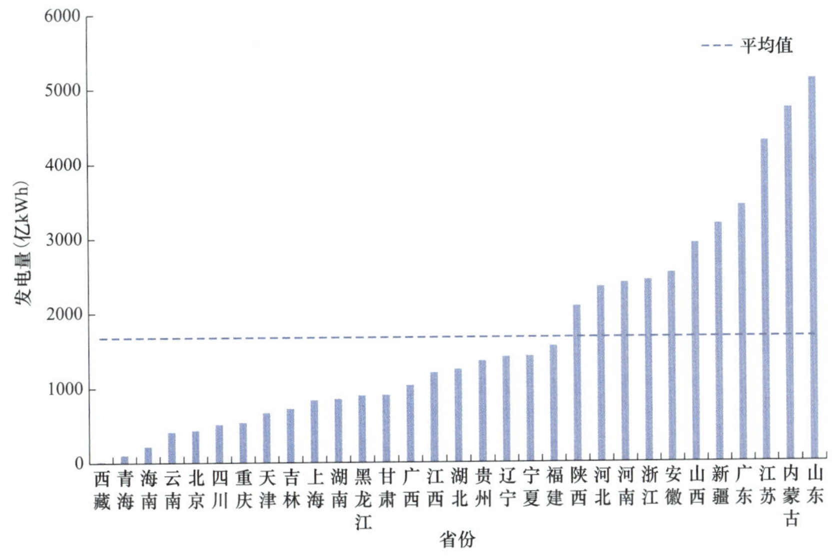

图 2-10　2020 年各省火电发电量

2.2.3 发电设备利用小时

（1）全国火电发电设备利用小时情况。2020年6000kW及以上电厂火电发电设备利用小时为4216h，同比降低92h，同比降幅2.1%，仍在低位水平持续下探。

2010年以来，我国6000kW及以上电厂火电发电设备利用小时呈现局部波动、整体降低的发展趋势，由2011年峰值5305h降至2020年4216h，降低了20.5%。2010—2020年6000kW及以上电厂火电发电设备利用小时如图2-11所示。

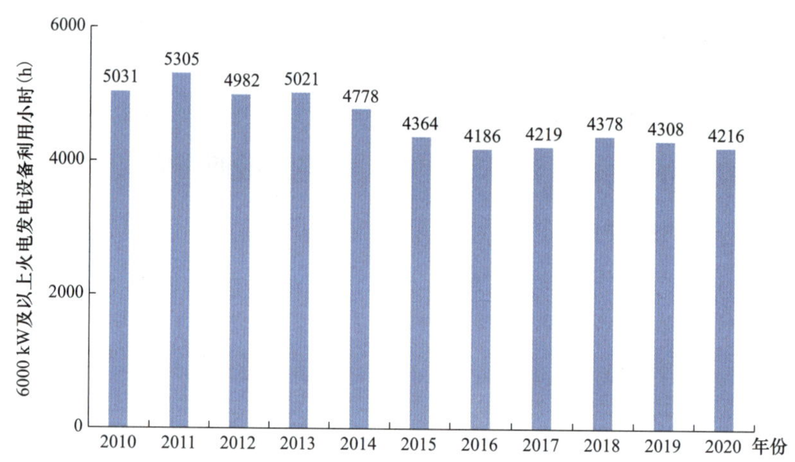

图2-11　2010—2020年6000kW及以上电厂火电发电设备利用小时

（2）2020年各省火电设备利用小时情况。2020年6000kW及以上电厂火电发电利用小时超过全国平均利用水平的省份共计13个，占比41.9%。在全国装机容量超6000万kW的8个省份中，新疆、内蒙古、山东、山西和江苏五省高于全国平均利用小时，广东、河南和浙江则低于全国平均利用小时。2020年各省6000kW及以上电厂火电发电设备利用小时如图2-12所示。

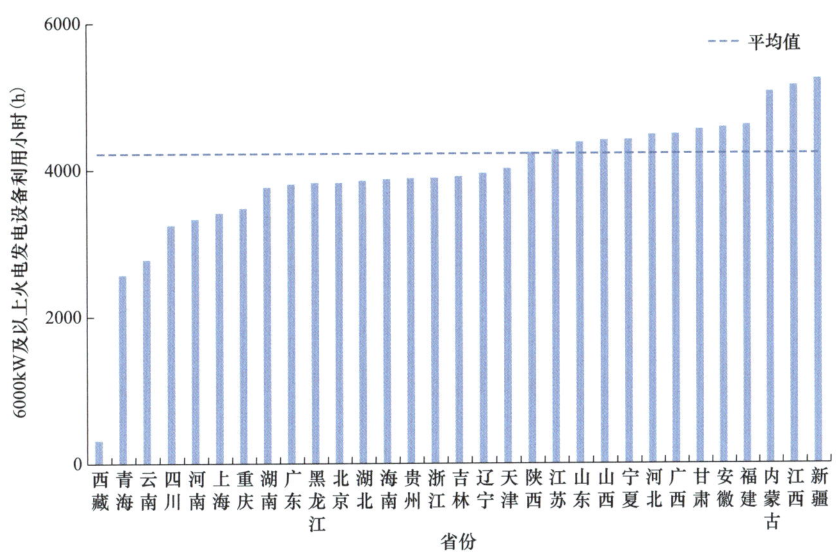

图 2-12　2020 年各省 6000kW 及以上火电发电设备利用小时

2.3　火电盈利情况

2020 年至今，多家能源央企规划了自身实现碳中和的时间表和路线图，积极推进“双碳”行动，火电是各大发电集团重点治理的产业。如华能集团规划 2025 年确保清洁能源装机占比 50%以上，2035 年清洁能源装机占比 75%以上；华电集团在“十四五”期间将重点开展“火电转型升级、煤矿绿色转型”等八大专项行动，力争 2025 年实现碳达峰；大唐集团提出到 2025 年非化石能源装机要超过 50%，同样提前 5 年实现碳达峰。预计火电增量规模将不断缩减，火电盈利能力较弱的状况仍将持续。

(1) 火电主要综合财务指标表现。火电盈利情况通过华能国际、国投电力等 32 家上市火电企业主要财务指标反映，具体指标包括毛利率、净利率、总资产收益率、净资产收益率和资产负债率等五项核心财务指标。

受益于煤炭价格维持于正常区间等因素，2020 年火电综合财务指标同比有所提升，提升幅度较去年更大，已连续提升三年，但相比于 2013—2016 年四年，除在防范化解重大风险要求下持续降低的资产负债率指标向好发展外，火电其他财务指标仍处于相对较低水平。主要综合财务指标如表2-2所示。

表2-2　2010—2020年32家火电上市公司主要综合财务指标　单位：%

指标	2010年	2011年	2012年	2013年	2014年	2015年	2016年	2017年	2018年	2019年	2020年
毛利率	12.7	11.4	18.1	24.1	26.8	29.9	23.0	13.7	14.4	16.7	19.4
净利率	4.5	2.9	6.7	11.2	12.4	14.4	10.4	3.5	4.4	5.4	8.1
净资产收益率	6.9	4.7	10.4	15.2	14.4	13.6	8.0	3.2	4.5	5.3	7.1
总资产收益率	1.7	1.1	2.6	4.3	4.3	4.5	3.0	1.1	1.5	2.0	2.7
资产负债率	75.7	77.0	75.3	71.8	69.9	67.5	65.9	68.4	67.8	65.1	62.9

2018年起，火电市盈率连续三年降低，反映了投资者对火电企业未来预期较为悲观。2020年火电市净率、市销率指标明显回升，反映了投资者对火电企业整体价值评估上升。2010—2020年火电估值指标如图2-13所示。

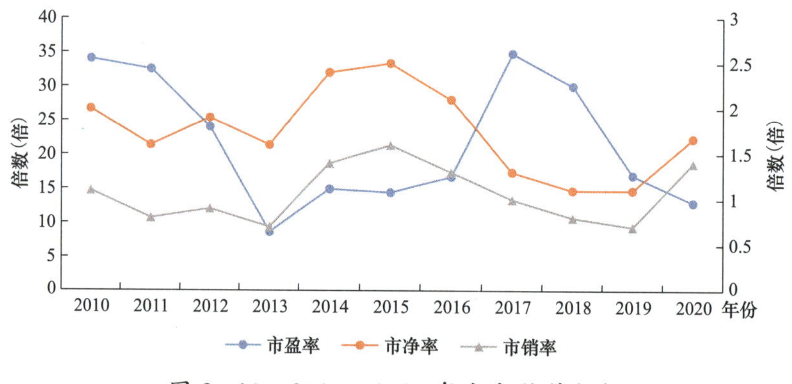

图2-13　2010—2020年火电估值指标

2021年煤价持续上涨导致电煤采购成本额外增加，火电企业上半年业绩表现较为低迷。在煤炭成本大幅回落可能性较小的预测下，2021年火电上市企业财务指标仍不乐观。

（2）煤与电间的“跷跷板”规律。燃煤成本占火电总成本比例高达70%左右。煤炭企业盈利情况通过中国神华、陕西煤业等24家上市原煤开

采企业主要财务指标反映，综合得出煤炭主要上市公司 2010—2020 年主要财务指标如表 2-3 所示。煤炭企业主要财务指标表现普遍优于火电企业，但二者差距连续四年呈现逐步缩小的趋势。

表 2-3　煤炭主要上市公司 2010—2020 年主要财务指标　单位：%

指标	2010 年	2011 年	2012 年	2013 年	2014 年	2015 年	2016 年	2017 年	2018 年	2019 年	2020 年
毛利率	34.2	30.4	26.0	26.4	26.1	25.9	28.2	32.8	31.6	28.7	26.1
净利率	16.8	14.1	11.3	9.6	7.9	1.6	6.7	12.8	11.9	10.8	9.6
净资产收益率	20.1	19.9	15.9	10.9	6.8	0.1	4.7	12.5	12.0	11.0	9.7
总资产收益率	11.2	10.8	8.3	5.8	3.7	0.6	2.4	6.1	6.1	5.6	5.1
资产负债率	41.5	44.6	46.8	48.3	50.0	53.6	52.4	51.7	50.7	49.3	49.1

2010 年以来，火电企业和煤炭企业存在着周期性的“跷跷板”现象，收益率指标大致呈现出此起彼落的规律。2010—2020 年火电企业和煤炭企业收益率变动趋势对比如图 2-14 所示。在煤价高企和煤价疏导机制不畅的背景下，火电企业背负着沉重的燃料购置负担，这也是 2018—2019 年火电亏损面连续两年超过 50%、2020 年未有大幅改善的主因所在。

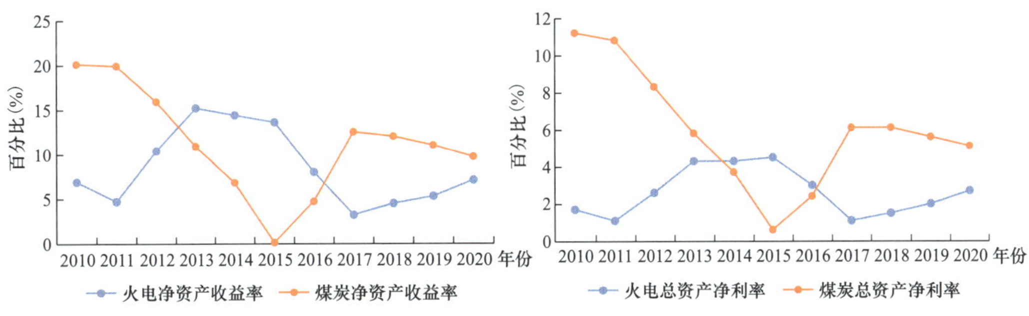

图 2-14　2010—2020 年火电企业和煤炭企业收益率变动趋势对比

2.4　火电发展前景展望

（1）投资趋势。未来三年，在“双碳”目标背景下，火电投资强度将延续当前持续走低的发展态势。主要原因如下：①新型电力系统将改变不同能源主体的功能定位，未来可再生能源将成为发电主力，国家严控煤电发展；②受宏观经济发展和新冠疫情影响，稳投资是我国当前一项重大政治任务，火电建设拉动作用明显，是稳投资的一个重要抓手。2020年以来，我国约有87.6GW煤电项目取得重要进展，这部分项目多计划在“十四五”期间投产。③“十四五”电力需求旺盛，煤电短中期可以满足电力需求的增长，中长期可以为不稳定的风光备份和调峰，火电仍有一定发展空间。

受疫情和经营状况的影响，2020年火电投资出现了较大幅度下滑，预计2021—2022年投资继续下降，但下降幅度有所减缓。

（2）电煤价格。未来三年，电煤供需紧张的局面短期无法改善，但长期看火电对电煤价格反应及时性将有所提升。主要原因如下：①2021年我国经济稳定增长，预计全国用电负荷不断攀升，同时随着秋冬季节到来，煤炭供应仍将紧缺。②煤电价格机制由煤电联动机制改为“基准价＋上下浮动”机制。较标杆电价时代，煤电电价对煤炭价格的反应将更及时，有利于释放电煤成本上涨时的经营压力，推进上网电价的理性回归，改善煤电企业盈利状况。③可再生能源在未来电源结构中的角色将由“补充能源”向“主力能源”稳步转变，再叠加我国经济由高速增长向高质量发展转变的因素影响，煤炭供需关系将由剧烈波动向平稳窄幅波动转变。

预计CECI 5500大卡综合价和成交价2021年将维持高位，2022年起将逐步回归相对合理区间。

（3）供应形势。未来三年，火电供应状况总体将有所增长，但增速放缓，发电量和装机容量占比将继续小幅下降。主要原因如下：①火电具有进一步发展的基础。火电仍然需要保障持续增长的用电需求，并且通过灵活性改造，仍将是电力结构中重要且不可或缺的一部分，电源主力地位当前仍不可撼动。②火电发展的制约因素未减，“替代品”高速发展，市场份额比例将逐渐降低。在“双碳”目标的指引下，严控煤电新增产能的制约环境仍将会延续，同时替代能源发展日新月异，火电发电量占比和装机容量占比双降

的趋势必将延续。③预计 2021 年经济持续回暖，电力需求旺盛，我国火电设备平均利用小时数将得到小幅提升。

预计 2021 年和 2022 年煤电年新增装机容量均会同比下降，发电利用小时数会小幅上升。

（4）盈利状况。未来三年，火电盈利状况将先下行，后缓步改善。主要原因如下：①在“煤电顶牛”长期存在、“双碳”目标稳步推进、政策性降电价的大环境下，火电企业面临极大经营压力。②2021 年煤价大幅上行并维持高位，即使上网电价按 10％比率上浮，也不能传导煤价成本的上涨。火电经营状况持续恶化，亏损面较大。③国家政策调控力度不断加码，全力落实煤炭增产保供稳价，将引导市场价格逐步回归合理区间。

预计 2021 年火电盈利指标将下滑，甚至突破盈亏平衡点，2022 年起火电盈利状况缓步改善。

（5）综合展望。未来三年，火电投资强度将延续当前持续走低的发展态势；电煤采购价格 2021 年延续高企态势，2022 年起缓慢回归合理区间；火电装机容量占比和发电量占比将持续下行，可再生能源相应补缺；火电盈利状况先下行后缓步改善。

第3章

水电投资及发展形势分析

3.1　水电投资情况

3.1.1　投资规模

2020 年我国水电投资 1077 亿元，同比增长 172 亿元，同比增幅高达 19.0%，连续第四年提升。2020 年，水电投资规模仅次于风电，在所有电源中位居第二位。

2010 年以来，我国水电投资总体呈现先增后降的波动趋势，整体投资规模由 2010 年的 819 亿元快速增长至 2012 年的 1239 亿元，此后水电投资连续四年下降。自 2017 年以来，水电投资开始回升。2010—2020 年水电投资规模如图 3-1 所示。

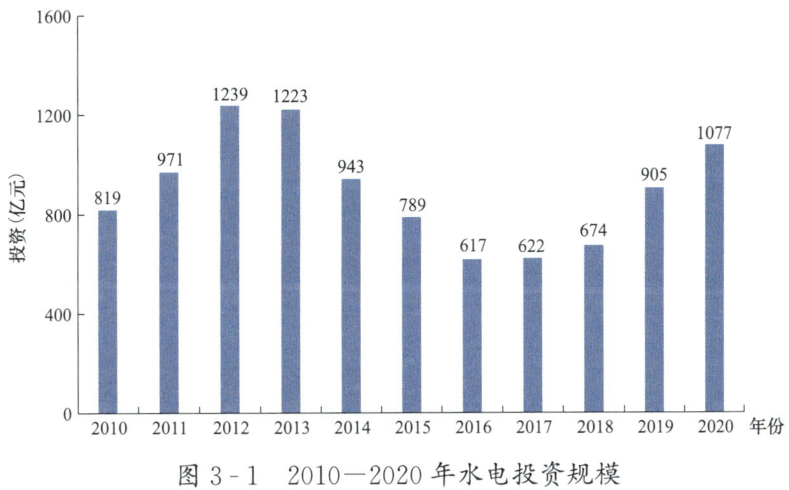

图 3-1　2010—2020 年水电投资规模

2020 年水电投资在电源总投资中占比为 20.5%，连续第三年提升。2010 年以来，水电投资在电源总投资中的占比呈较大幅度波动的发展态势。2010—2020 年水电投资在总投资中的占比如图 3-2 所示。

3.1.2　成本情况

2020 年我国常规水电工程单位造价为 10 666 元/kW，同比增长

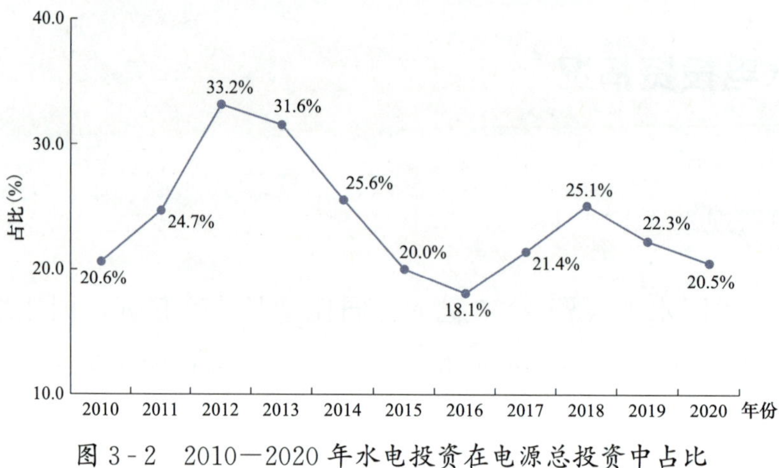

图 3-2　2010—2020 年水电投资在电源总投资中占比

11.1%。2010 年以来，我国水电工程单位造价整体增长明显。2010—2020 年水电工程单位造价如图 3-3 所示。

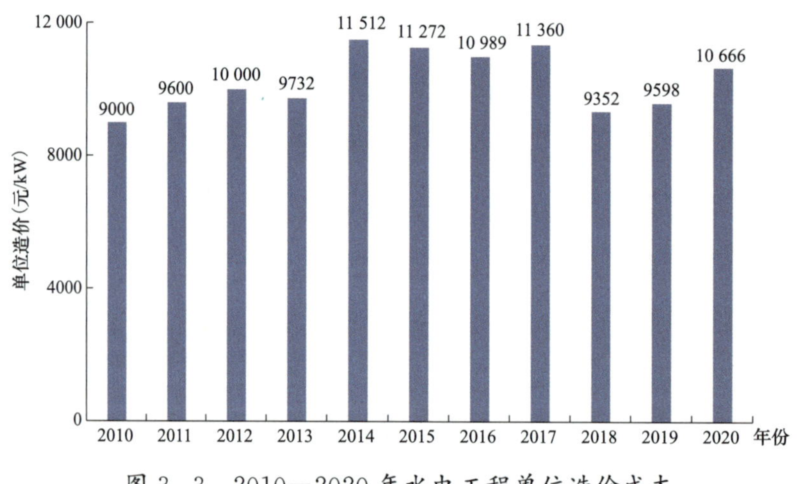

图 3-3　2010—2020 年水电工程单位造价成本

注：2017 年以前造价数据为概算数，2018 年及以后为决算数。

3.1.3　在建重大工程情况

2020 年在建大型水电项目包括红水河大藤峡水利枢纽工程（2020 年开工），澜沧江拖巴水电站（2019 年开工），金沙江乌东德水电站（2015 年开工）、白鹤滩水电站（2017 年开工）、苏哇龙水电站（2017 年开工）、叶巴滩水电站（2017 年开工）、拉哇水电站（2019 年开工），雅砻江杨房沟水电站

（2015 年开工）、两河口水电站（2014 年开工），大渡河金川水电站（2019 年开工）、双江口水电站（2015 年开工）、硬岩包水电站（2019 年开工），雅鲁藏布江大古水电站（2015 年开工）、街需水电站（2014 年开工）、加查水电站（2015 年开工），以及黄河玛尔挡水电站、羊曲水电站等。

2020 年水电投资建设重大里程碑节点包括：

（1）大藤峡水利枢纽工程投产发电。2020 年 4 月，广西大藤峡水利枢纽工程首台机组投产发电。大藤峡电站装机容量 160 万 kW，多年平均发电量 60.55 亿 kWh。国家 172 项节水供水重大水利工程之一的大藤峡水利枢纽工程，是珠江流域防洪控制性枢纽工程，工程任务包括防洪、航运、发电、水资源配置、航运等，2015 年开工建设，总投资约 357 亿元，预计 2023 年竣工。

（2）乌东德水电站首批机组投产发电。2020 年 6 月，金沙江乌东德水电站首批机组投产发电。乌东德水电站总装机容量 1020 万 kW，包括 12 台单机容量 85 万 kW 的水轮发电机组，是世界目前已投产的最大水轮发电机组。同时，该水电站创造了单位坝顶弧长泄量世界第一、地下厂房高度世界第一等多项世界纪录。

（3）加查水电站首台机组投产发电。2020 年 8 月，加查水电站首台机组投产发电。加查水电站位于西藏山南市加查县境内，总装机容量 36 万 kW，年发电量 17 亿 kWh，总投资 78.3 亿元。加查水电站是西藏正式并网发电的第二大水电站。

（4）三峡工程完成整体竣工验收。2020 年 11 月，三峡工程完成整体竣工验收。三峡工程是迄今为止世界上规模最大的水利枢纽工程。根据工程竣工决算草案设计结果，财务决算总金额 2078.73 亿元。三峡水电站总装机容量 2240 万 kW，包括 32 台单机容量为 70kW 的水电机组。2020 年，三峡电站创造了单座水电站年发电量 1118 亿 kWh 的世界新纪录。

（5）多座抽水蓄能电站开工建设。在“双碳”目标背景下，抽水蓄能电站投资建设步伐加快。2020 年 12 月，山西浑源、浙江磐安、山东泰安二期抽水蓄能电站项目集中开工，总装机容量 450 万 kW，投资 267 亿元。

3.2 水电供应情况

3.2.1 装机容量

（1）水电装机容量现状及历史增长趋势。2020 年水电装机容量 37 106 万 kW，同比增长 1212 万 kW。水电装机容量同比增长 3.4%。其中，抽水蓄能装机容量 3149 万 kW，同比增长 4.0%。

2010—2020 年，我国水电装机容量逐年增大，但 2013—2019 年增速逐年变缓，2020 年装机容量增速同比略有提高。我国水电装机规模由 2010 年的 21 606 万 kW 增加到 2020 年的 37 016 万 kW，总体增幅 71%，年均增长 1472 万 kW，年均增幅 5.5%。2010—2020 年水电装机容量如图 3-4 所示。其中，抽水蓄能电站装机规模 2010 年以来总体增幅 86%，年均增长 146 万 kW，年均增幅 7.1%。2010—2020 年水电装机容量如图 3-4 所示。

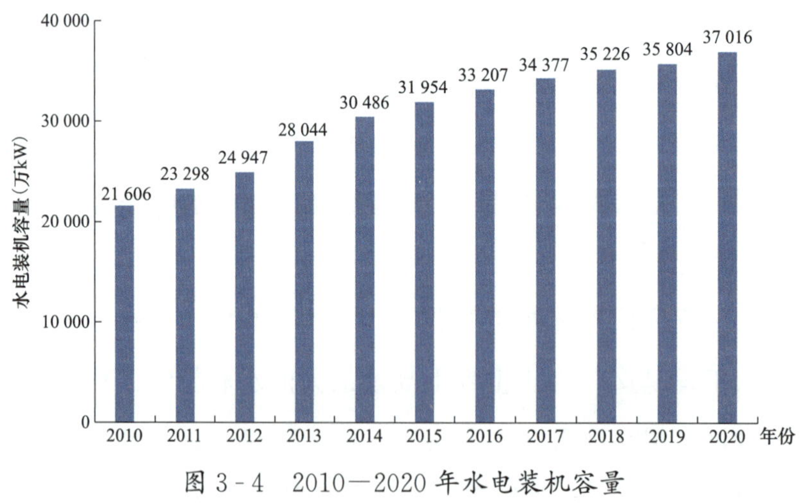

图 3-4　2010—2020 年水电装机容量

（2）水电装机容量在电源总装机容量中占比。2020 年水电装机容量在电源总装机容量中仅次于火电，为 16.9%，同比降低 0.8 个百分点。2010 年以来水电装机容量在电源总装机容量中占比总体呈下降趋势，且下降趋势

明显。2010—2020年水电装机容量在电源总装机容量中占比如图3-5所示。

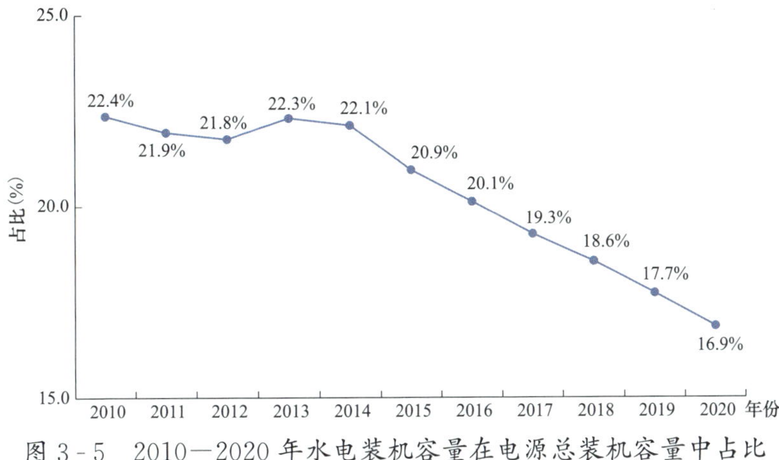

图3-5　2010—2020年水电装机容量在电源总装机容量中占比

(3) 2020年各省水电装机容量。2020年四川、云南、湖北三省水电装机容量较高，合计装机容量达19 205万kW，占全国水电总装机容量的52%，水电装机非常集中。各省水电装机容量如图3-6所示。

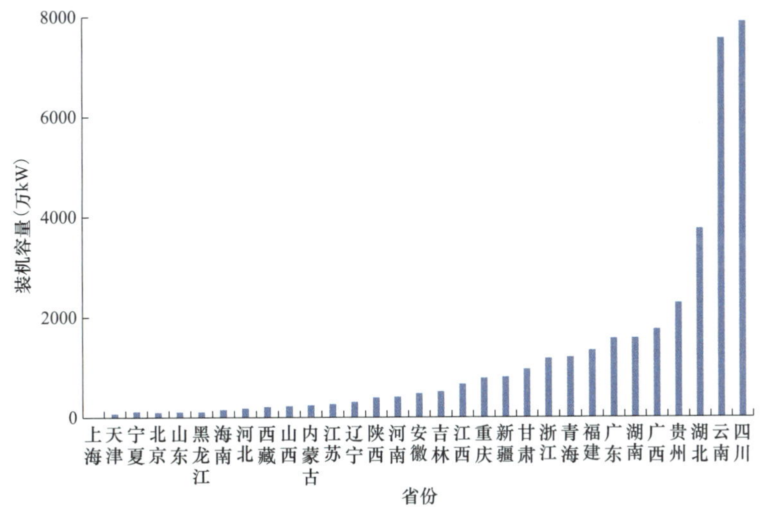

图3-6　2020年各省水电装机容量

3.2.2　发电量

(1) 水电发电量现状及发展趋势。2020年水电发电量13 552亿kWh，同比增长531亿kWh，同比增幅4.1%。抽水蓄能电站主要作为调峰调频电源使用，自2010年以来，发电量占水电发电总量的比例均介于1%～3%之间。

2010年以来，我国水电发电量总体增幅明显，但近年来增速较缓。发电量由2010年的6867亿kWh增至2020年的13 552亿kWh，总体翻番，年均增长669亿kWh，年均增幅7.0%。2010—2020年水电发电量如图3-7所示。

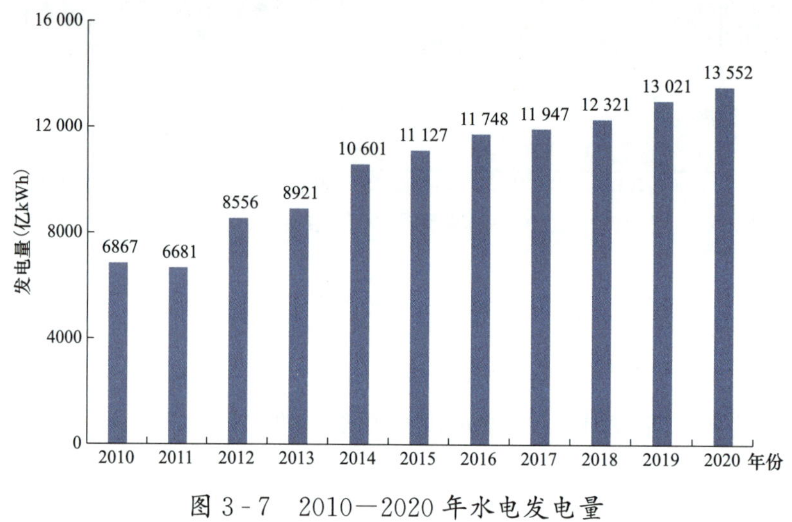

图3-7　2010—2020年水电发电量

（2）水电发电量在总发电量中占比。2010—2020年，水电发电量在总发电量中占比呈波动的发展态势。2020年，水电发电量在总发电量中占比17.8%，与2019年占比基本相同。2010—2020年水电发电量在总发电量中占比如图3-8所示。

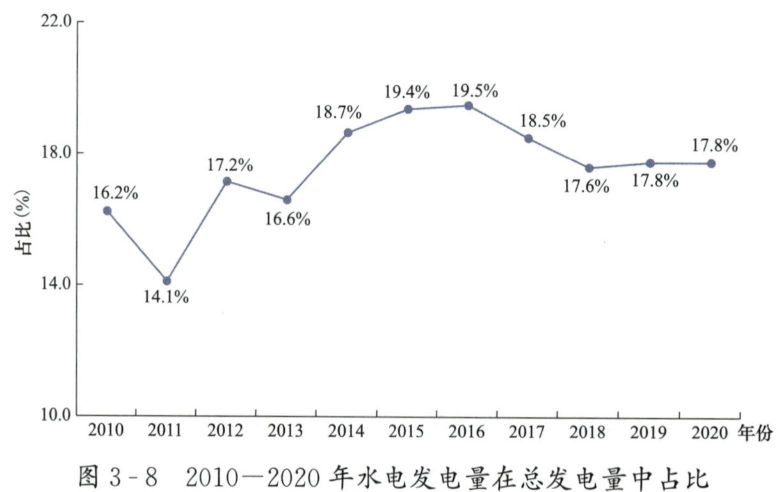

图3-8　2010—2020年水电发电量在总发电量中占比

（3）2020 年各省水电发电量情况。2020 年四川、云南、湖北、贵州、广西是全国水电发电量排名前五的省份，发电量合计 9593 亿 kWh，占全国水电总发电量 70.8%。2020 年各省水电发电量如图 3-9 所示。

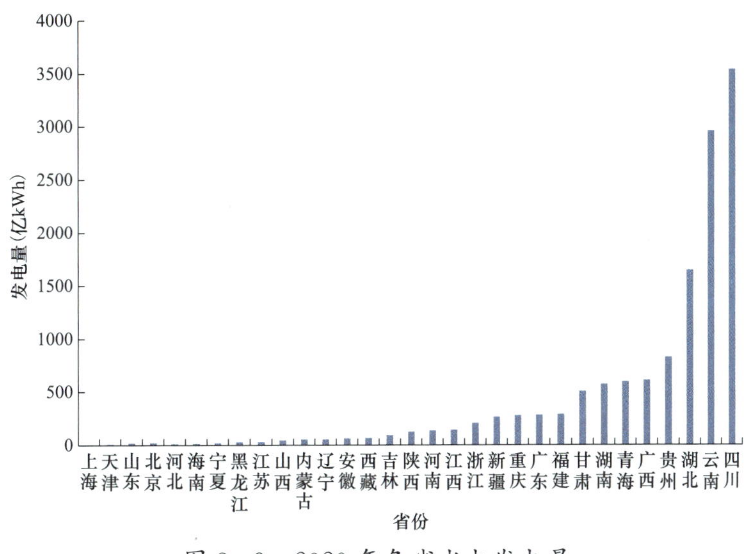

图 3-9　2020 年各省水电发电量

3.2.3　弃水电量和水能利用率

2020 年全国主要流域弃水电量约 301 亿 kWh，同比减少 46 亿 kWh。弃水电量主要发生在四川省，其主要流域弃水电量约 202 亿 kWh，较 2019 年同期减少 77 亿 kWh，主要集中在大渡河干流。全国平均水能利用率达到 96.61%左右，比 2019 年提高 0.73 个百分点，水能利用水平持续提升。实现了国家发改委和国家能源局《清洁能源消纳行动计划（2018—2020 年）》中 2020 年水能利用率 95%以上的目标。透视数据背后的原因，近年来大规模外送通道的建设是重要助推之一。

3.2.4　发电设备利用小时

（1）全国水电发电设备利用小时情况。2020 年 6000kW 及以上水电发电设备利用小时为 3827h，突破 3800h，比 2019 年提高 130h，延续近几年水电利用小时平稳增加的态势。

2010 年以来，我国 6000kW 及以上水电发电设备利用小时数呈现先波动后较为平稳的趋势。2014 年以来，我国 6000kW 及以上水电发电设备利用小时数均超过 3500h。2010—2020 年 6000kW 及以上水电发电设备利用小时如图 3-10 所示。

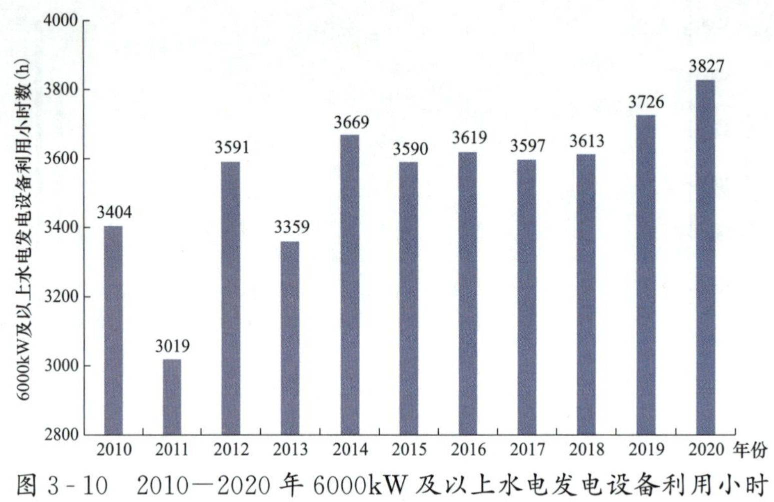

图 3-10　2010—2020 年 6000kW 及以上水电发电设备利用小时

（2）2020 年各省水电设备利用小时情况。2020 年全国共有 14 个省的 6000kW 及以上水电发电利用小时高于 3000h。宁夏、甘肃、青海、四川、湖北、云南等 6 个省水电设备利用小时数超过 4000h。2020 年各省 6000kW 及以上水电发电设备利用小时如图 3-11 所示。

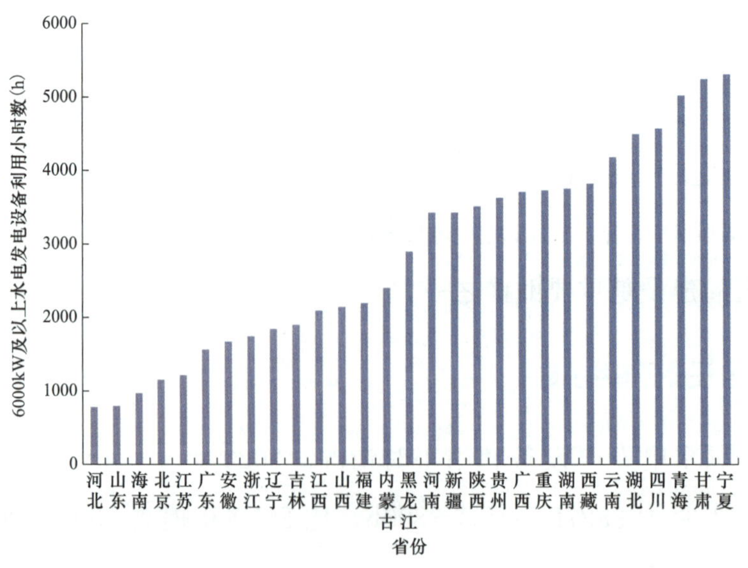

图 3-11　2020 年各省 6000kW 及以上水电发电设备利用小时

3.3 水电盈利情况

水电盈利情况通过长江电力、华能水电、国电电力等 20 家上市水电企业主要财务指标反映，具体指标包括毛利率、净利率、总资产收益率、净资产收益率和资产负债率。2010—2020 年 20 家水电上市公主要财务指标如表 3-1 所示。

表 3-1 2010—2020 年 20 家水电上市公司主要财务指标 单位：%

指标	2010 年	2011 年	2012 年	2013 年	2014 年	2015 年	2016 年	2017 年	2018 年	2019 年	2020 年
毛利率	46.7	43.09	45.71	42.72	47.41	46.84	49.36	46.86	47.02	41.33	43.30
净利率	26.07	23.07	24.25	23.22	28.92	36.67	35.11	31.69	33.24	26.23	29.10
净资产收益率	12.15	9.86	12.08	10.02	12.79	13.9	16.45	13.49	14.11	12.68	12.71
总资产净利率	4.64	3.86	4.95	4.21	5.85	7.53	7.71	5.23	5.75	5.49	5.88
资产负债率	59.92	59.41	56.51	54.11	49.39	46.69	56.25	59.84	57.99	55.01	51.88

2020 年水电上市公司毛利率为 43.30%，净利率为 29.10%，净资产收益率为 12.71%，总资产收益率为 5.88%，资产负债率为 51.88%。主要盈利指标较 2019 年有所好转。与火电及电网公司相比，水电上市公司盈利水平依然较高。资产负债率连续三年下降，同比下降 3.1 个百分点，水电上市公司资产结构有所优化。

3.4 水电发展前景展望

（1）投资趋势。未来三年，常规水电投资规模将保持总体平稳、小幅增长的趋势；其中抽水蓄能投资增速相对较快，没有调节能力的中型电站和小水电投资显著减少，主要原因如下：①随着“双碳”战略的实施，作为清洁能源的水电将迎来新的发展机遇，水风光一体化的发展，也为水电建设带来新的机遇，“十四五”规划中明确提出实施国家水网、雅鲁藏布江下游水电开发，优化电力生产和输送通道；②随着水电站向环境更恶劣、地质条件更复杂的地区推进，受生态环保、上网电价、征地移民、跨境河流国际关系等因素影响，资源开发难度提升，开发成本逐渐增加，预计未来常规水电的开发速度仍保持总体缓慢的趋势，但重大项目建设将继续推进；③伴随我国的能源革命和电力转型持续推进，风电、光伏在能源供应体系中的地位愈发上升，由抽水蓄能应对电力负荷变化将是最为安全有效的调峰手段，抽水蓄能电站投资有较大增长空间，未来将掀起一轮投资建设潮，成为水电投资建设的重要增长点；④对于没有调节能力的中型电站和小水电投资，根据当前生态环境保护的要求，新建小水电审批难度大，没有调节能力的中型电站受经济性和生态环境保护要求限制也难以通过审批，但国家水网建设和水资源综合利用工程可能会带动一部分电站上马。预计 2021 年和 2022 年水电投资同比小幅增长，投资增幅在一定时期内总体呈上升趋势。

（2）供应形势。未来三年，我国水电装机容量和发电量将持续增长，增速仍将维持总体平稳的趋势，主要原因如下：①2021 年，白鹤滩等“十三五”期间开工建设的大型水电站将投运，提升我国水电生产供应能力；②随着风电、光伏等新能源发展和以新能源为主的新型电力系统建设，对于调峰调频的需求将进一步加大，抽水蓄能的调峰调频作用在未来发展空间大；③水电资源开发难度逐渐增大等因素限制了水电的发展速度。整体看来，预计水电生产能力将低速增长。预计 2021 年和 2022 年水电装机容量和发电量也将保持小幅增长的发展趋势。

（3）盈利状况。未来三年，水电企业总体盈利情况保持相对稳定。主要原因如下：①未来大型水电项目的投运将为优质大型水电企业的盈利能力提供保障，而中小型企业面临更加严格的环境政策和经营形势；②可再生能源消纳问题受到政策关注，水能利用率将稳定保持较高水平；③电力市场竞争愈发激烈，部分省区市场电价较低，未来伴随着市场化电量占比提升，即使

水电企业发电量有所增长，其营业收入也承受压力。同时，也应注意到，由于水电发电量受天然来水情况影响较大，水电盈利存在一定不确定性。

（4）综合展望。未来三年，水电投资将持续增加，投资增幅在一定时期内总体呈上升趋势，抽水蓄能电站投资占比逐渐增大；生产供应能力整体保持低速增长趋势；盈利水平将受电价下行压力的冲击而有所下降。整体而言，水电投资和经营受“双碳”战略政策利好，但同时也受制于资源条件、生态保护等因素，将保持总体平稳偏好趋势发展。

第 4 章

核电投资及发展形势分析

核电是我国重要的电源种类，发电量在我国电源中排名第四。本章将从核电的投资情况、供应情况和盈利情况分别开展论述。

4.1　核电投资情况

4.1.1　投资规模

2020 年我国核电投资 378 亿元，比 2019 年增加 12.8%，但仍处于近 10 年来的较低水平，仅高于 2019 年。投资规模处于低位的主要原因是自 2016 年以来，核电项目经历了连续三年的“零审批”，导致新开工项目数量急剧下降。2020 年，国务院新核准了海南昌江二期和浙江三澳一期核电项目。

从投资占比看，2020 年核电投资占电源总投资的比例仅为 7.2%，同比下降 1.1 个百分点，为 2009 年以来最低值。2010—2020 年核电投资规模和核电投资占电源总投资的比例分别如图 4-1 和图 4-2 所示。

图 4-1　2010—2020 年核电投资规模

截至 2020 年底，我国共有在建核电机组 16 台，合计容量 1738 万 kW，如表 4-1 所示。2020 年，我国有 1 台核电机组正式投入商业运行，1 台机组首次并网发电，5 台机组开工建设，新开工机组数量达到近 5 年峰值。2010—2020 年核电当年新开工机组数量如图 4-3 所示。

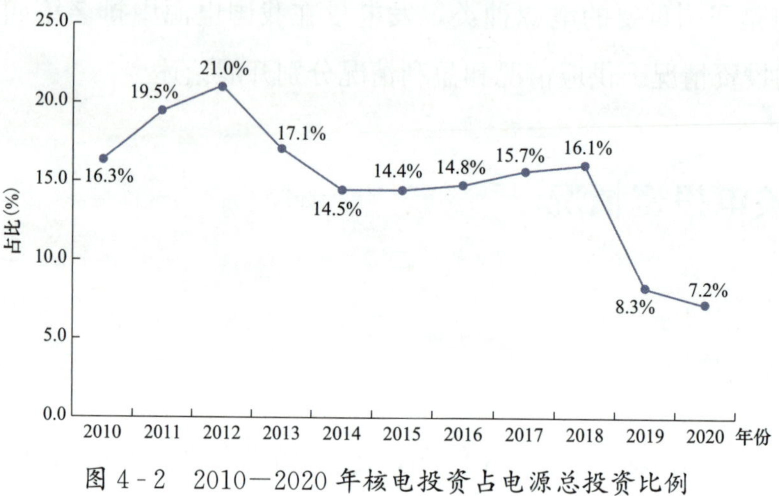

图 4-2　2010—2020 年核电投资占电源总投资比例

表 4-1　　　　　　　　2020 年全国在建核电机组

序号	核电机组	额定容量（MWe）	机组堆型	开工时间
1	山东石岛湾 1 号高温气冷堆	211	HTGR	2012.12.09
2	辽宁红沿河二期 5 号	1119	PWR	2015.03.29
3	辽宁红沿河二期 6 号	1119	PWR	2015.07.24
4	福建福清三期 6 号	1150	PWR	2015.12.22
5	广西防城港二期 3 号	1180	PWR	2015.12.24
6	江苏田湾三期 6 号	1118	PWR	2016.09.07
7	广西防城港二期 4 号	1180	PWR	2016.12.23
8	福建霞浦示范快堆 1 号	600	FBR	2017.12.29
9	国核示范工程 1 号	1534	PWR	2019.06.19
10	福建漳州 1 号	1212	PWR	2019.10.16
11	广东惠州太平岭一期 1 号	1202	PWR	2019.12.26
12	国核示范工程 2 号	1534	PWR	2020.04.21
13	福建漳州 2 号	1212	PWR	2020.09.04
14	广东惠州太平岭一期 2 号	1202	PWR	2020.10.15
15	福建霞浦示范快堆 2 号	600	FBR	2020.12.27
16	浙江三澳核电厂 1 号	1210	PWR	2020.12.31

注　HTGR 为高温气冷堆，PWR 为压水堆，FBR 为快中子增殖堆。

资料来源：核能行业协会。

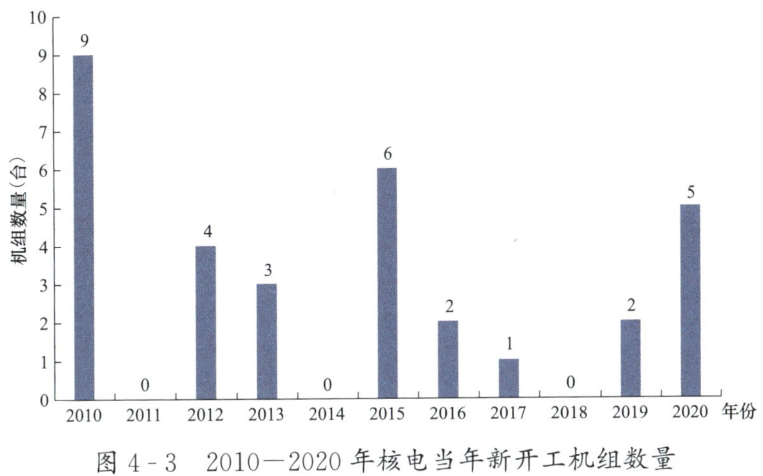

图 4-3　2010—2020 年核电当年新开工机组数量

4.1.2　项目建设周期与成本情况

2020 年新投产的 1 台核电机组为江苏田湾核电厂 5 号机组，该机组采用第二代核电技术。另外，全球首台“华龙一号”核电机组——福建福清核电厂 5 号机组虽未于 2020 年内正式投产，但已于 2020 年 11 月首次并网发电，最终于 2021 年 1 月 30 日正式投入商业运行。两台机组的具体信息如表 4-2 所示。

表 4-2　　2020 年首次并网运行的核电机组信息

省份	核电厂名称	机组号	技术型号	装机容量(MWe)	开工日期	商业运行日期	建设周期(月)
江苏	田湾核电厂	5 号机组	M310+，二代	1118	2015.12	2020.09	58
福建	福清核电厂	5 号机组	华龙一号，三代	1150	2015.05	2021.01	69

田湾核电厂 5 号机组建设周期 58 个月，决算转固约 147.5 亿元，单位造价 13 194 元/kW。2013—2020 年核电机组单位造价如图 4-4 所示。2020 年，核电机组单位造价相对较低的主要原因是当年仅有田湾核电厂 5 号机组正式投运，其采用的技术型号 M310+为第二代改进型机组，单位造价低于第三代核电机组。

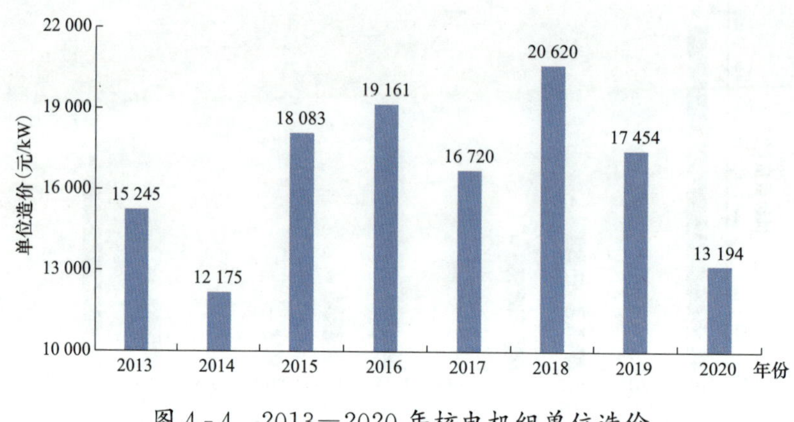

图 4-4　2013—2020 年核电机组单位造价

4.2　核电供应情况

4.2.1　装机容量

2020 年我国在运核电机组共 49 台（包含福建福清核电厂 5 号机组，下同），分布在广东、广西、浙江、山东、福建、江苏、辽宁、海南等 8 个沿海省份，装机容量达到 51 027MWe，其中年内新增装机容量 2268MWe。

近 10 年，我国核电装机容量呈快速上涨趋势，2020 年装机容量约为 2010 年的 4.6 倍。由于前期的审批和建设进度放缓，新增装机容量已连续两年下降。2020 年新增装机容量相比 2019 年下降 45%。2010—2020 年核电装机容量如图 4-5 所示。

从电源结构看，2020 年核电装机容量在总装机容量中占比 2.32%，同比下降 0.1 个百分点。总体来看，近 10 年来核电装机容量占总装机容量的比重仍为增长趋势。2010—2020 年核电装机容量在总装机容量中占比如图 4-6 所示。

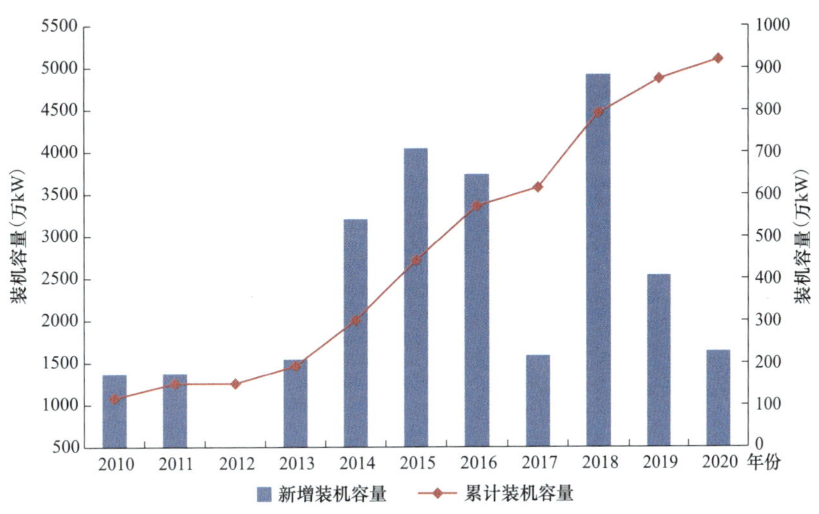

图 4 - 5　2010—2020 年核电装机容量

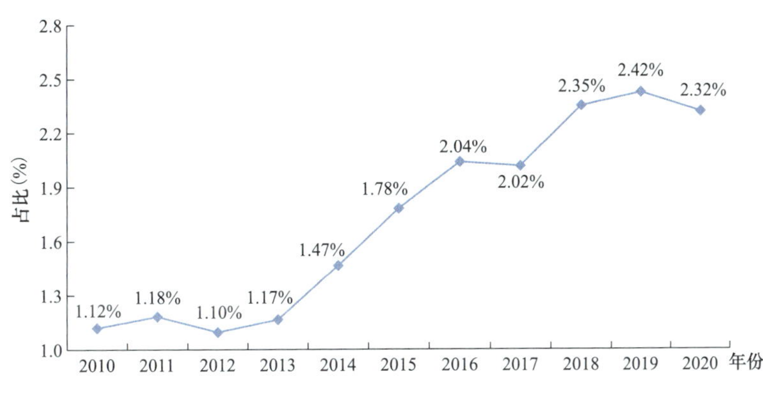

图 4 - 6　2010—2020 年核电装机容量在总装机容量中占比

4.2.2　发电量

2020 年全国核电发电量为 3662 亿 kWh，同比增长 5.0%。与燃煤发电相比，核能发电相当于减少燃烧标准煤 10 474 万 t，减少排放二氧化碳 27 442 万 t，减少排放二氧化硫 89 万 t，减少排放氮氧化物 78 万 t。2020 年我国商运核电机组电力生产情况如表 4 - 3 所示。

表 4-3　　2020年我国商运核电机组电力生产情况

核电厂	机组	装机容量（MWe）	发电量（亿 kWh）	上网电量（亿 kWh）	核电设备利用小时数
秦山核电厂	1号机组	330	27	25	8127
大亚湾核电厂	1号机组	984	88	84	8929
	2号机组	984	78	75	7942
秦山第二核电厂	1号机组	650	56	52	8563
	2号机组	650	52	49	8003
	3号机组	660	51	47	7671
	4号机组	660	56	53	8521
岭澳核电厂	1号机组	990	79	76	7968
	2号机组	990	73	70	7395
	3号机组	1086	80	75	7398
	4号机组	1086	78	73	7191
秦山第三核电厂	1号机组	728	61	56	8335
	2号机组	728	56	52	7687
田湾核电厂	1号机组	1060	80	74	7543
	2号机组	1060	84	78	7896
	3号机组	1126	77	72	6875
	4号机组	1126	83	77	7404
	5号机组	1118	31	29	2768
红沿河核电厂	1号机组	1119	84	79	7545
	2号机组	1119	83	78	7425
	3号机组	1119	74	70	6644
	4号机组	1119	85	80	7617
宁德核电厂	1号机组	1089	80	74	7310
	2号机组	1089	86	81	7934
	3号机组	1089	84	78	7676
	4号机组	1089	78	73	7155

续表

核电厂	机组	装机容量（MWe）	发电量（亿 kWh）	上网电量（亿 kWh）	核电设备利用小时数
福清核电厂	1 号机组	1089	90	83	8223
	2 号机组	1089	84	78	7693
	3 号机组	1089	79	73	7208
	4 号机组	1089	72	67	6588
	5 号机组	1150	1	1	127
阳江核电厂	1 号机组	1086	87	81	7980
	2 号机组	1086	70	65	6404
	3 号机组	1086	70	66	6476
	4 号机组	1086	85	80	7820
	5 号机组	1086	78	73	7193
	6 号机组	1086	63	60	5846
方家山核电厂	1 号机组	1089	77	72	7049
	2 号机组	1089	88	83	8105
三门核电厂	1 号机组	1250	94	88	7551
	2 号机组	1250	95	88	7568
海阳核电厂	1 号机组	1250	94	88	7472
	2 号机组	1250	97	91	7733
台山核电厂	1 号机组	1750	98	91	5580
	2 号机组	1750	134	125	7630
昌江核电厂	1 号机组	650	49	45	7526
	2 号机组	650	47	43	7186
防城港核电厂	1 号机组	1086	84	79	7767
	2 号机组	1086	84	79	7738
合计值/平均值		51 027	51 027	3662	7427

从电源结构上看，2020 年核电发电量占全国发电量的 4.8%，同比上升 0.04 个百分点，与 2019 年基本持平。2010—2020 年我国核电发电量占比呈逐年上升趋势，如图 4-7 所示。

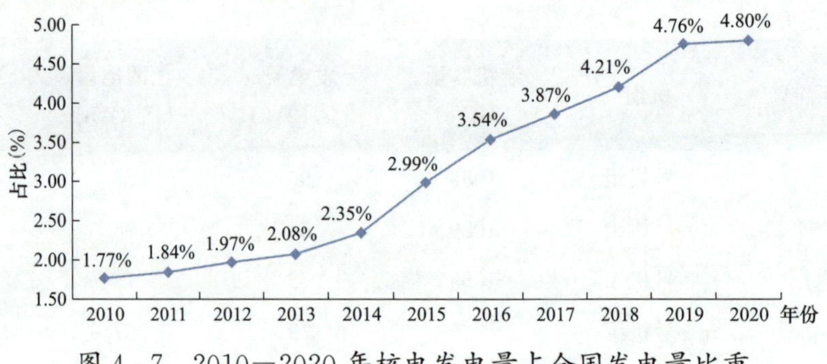

图 4－7　2010—2020 年核电发电量占全国发电量比重

2020 年，美国、俄罗斯、英国、法国等国家核电发电量占比分别达到了 19.7％、20.6％、14.5％和 70.6％。与上述国家相比，我国核电发电量占全国发电量的比重仍较低，核电仍具备较大的发展空间。

4.2.3　发电设备利用小时

2020 年我国核电设备平均利用小时数为 7427h，同比上升 0.4％；设备平均利用率为 83.86％，同比上升 0.37 个百分点。在运 49 台核电机组中，发电设备利用小时数最高的为大亚湾核电厂 1 号机组 8929h，有 29 台机组设备利用小时数超过 7427h 的平均水平。

从近 10 年 6000kW 及以上核电厂利用小时来看，该指标自 2014 年起连续三年下降，直至 2016 年为最低点，此后开始回升，至 2020 年达到 7427h，在所有发电电源类型中排名第一。2010—2020 年 6000kW 以上核电厂利用小时如图 4－8 所示。

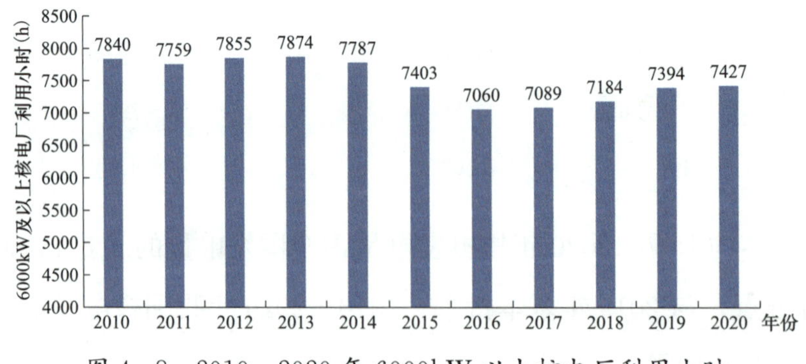

图 4－8　2010—2020 年 6000kW 以上核电厂利用小时

4.3　核电盈利情况

我国目前共有四家具有核电运营资质的公司：中国核工业集团（以下简称“中核集团”）、中国广核集团（以下简称“中广核集团”）、国家电力投资集团（以下简称“国家电投”）和华能集团，其中华能集团于 2020 年获得核电运营资质。截至 2021 年 1 月底，中核集团、中广核集团和国家电投分别拥有在运机组 23 台、24 台和 6 台（存在共同持股情况，故总数大于 49 台），华能集团尚未拥有在运机组。由于中核集团和中广核集团的核电运营公司中国核电和中国广核分别于上海、深圳证券交易所上市，综合考虑行业影响力、数据可得性等因素，本报告以中国核电和中国广核为基础开展核电企业盈利情况分析，两家上市公司近五年主要财务指标如表 4 - 4 所示。

表 4 - 4　　2016—2020 年中国广核、中国核电主要财务指标

项目	公司名称	2016 年	2017 年	2018 年	2019 年	2020 年
资产总额（亿元）	中国广核	2852.2	3573.0	3685.6	3879.8	3919.0
	中国核电	2820.5	3031.9	3234.8	3579.4	3817.5
营业收入（亿元）	中国广核	330.3	456.3	508.3	608.8	705.9
	中国核电	300.1	335.9	393.1	472.6	522.8
利润总额（亿元）	中国广核	98.5	141.7	149.0	165.6	168.5
	中国核电	92.3	94.1	100.1	106.2	131.8
净资产收益率（%）	中国广核	12.0	16.2	13.0	12.2	10.4
	中国核电	11.5	10.7	10.6	9.6	11.0
资产负债率（%）	中国广核	71.9	71.8	69.3	65.1	63.9
	中国核电	74.6	74.4	74.2	74.0	69.5
毛利率（%）	中国广核	45.2	44.8	43.9	41.7	37.1
	中国核电	41.0	39.6	41.8	41.9	44.8

2020 年中国广核、中国核电合计营业收入为 1228.7 亿元，同比增长 13.6%；平均销售毛利率为 40.9%，同比降低 0.9 个百分点；平均净资产收益率为 10.7%，同比降低 0.2 个百分点。同 2019 年相比，这两家核电企

业收入规模快速增长，主要由于新机组投运带来售电增长；盈利能力略有下降，主要是由于成本增速大于收入增速。从近5年趋势来看，两家企业的营业收入增长较快，从2016年至2020年增长了近一倍，平均净资产收益率有小幅下降趋势。

核电收入主要为向电网售电收入，主要影响因素为上网电量和上网电价。在上网电量方面，得益于《保障核电安全消纳暂行办法》（发改能源〔2017〕324号）和《清洁能源消纳行动计划（2018—2020年）》（发改能源规〔2018〕1575号）等政策保障，核电电量优先上网，核电机组平均利用小时数超过7000h。在上网电价方面，各核电机组上网电价基本分布在0.42元/kWh的标杆电价上下，且在机组商运定价后保持稳定。

核电成本主要是固定资产折旧和核燃料成本。2020年中国核电固定资产折旧、核燃料成本占营业成本的38%和22%，中国广核则为18%和22%。2020年核燃料主要上游原料铀矿价格约为30美元/磅，较2019年上升约20%。自2011年福岛核事件以来，铀矿价格整体呈下降趋势，但在2016—2017年达到低点后，最近几年有回升趋势，如图4-9所示。铀矿价格有所回升的主要原因是铀矿厂商近年来密集减产，全球铀矿勘查陷入低潮。

图4-9　2010—2020年铀矿期货价格

核电运营具有高技术壁垒、高安全要求、强政策管制等特点，核电牌照

长期高度稀缺，以上因素共同决定了核电竞争格局具有高度稳定性。

综上所述，售电收入和竞争格局的高度稳定性，保障了核电企业的稳定收入，而铀矿价格回升将使核电企业的营业成本有所上升。未来，随着投产机组规模逐渐扩大，核电企业的营业收入将稳步上升。

4.4　核电发展前景展望

（1）投资趋势。未来三年，核电投资规模将扭转下降趋势，实现稳步回升，主要原因如下：①构建“清洁低碳、安全高效”现代能源体系以及“双碳”目标将是我国在新形势下的主要能源政策，清洁低碳能源将成为增量主体。2021 年政府工作报告指出要“在确保安全的前提下积极有序发展核电”。《中华人民共和国国民经济和社会发展第十四个五年规划和 2035 年远景目标纲要》也指出要“安全稳妥推动沿海核电建设”“建成华龙一号、国和一号、高温气冷堆示范工程，积极有序推进沿海三代核电建设。推动模块式小型堆、60 万 kW 级商用高温气冷堆、海上浮动式核动力平台等先进堆型示范”“核电运行装机容量达到 7000 万 kW”。由此可见，在“十四五”时期及之后较长一段时期内，清洁、稳定及高效的核电在我国能源结构中的定位将更加明确，作用将更加突显，核电产业仍处于并将长期处于发展的战略机遇期。②我国核电发电量已居世界第三，但核电发电占比和西方国家相比仍有明显差距，核电投资规模仍有较大增长空间。③随着福岛核事故的影响逐渐远去，加上近几年全社会的核能科普和公众沟通等工作效果显著，公众对核电的信心正在恢复。“十三五”中后期以来，社会公众已对核电、核能供热项目等表现出较高的接受度，这为核能事业的可持续发展奠定了良好基础。④第三代核技术正日益成熟，国内又有一批核电项目陆续核准开工。

（2）供应形势。未来三年，核电供应量将小幅上升，主要原因如下：①为积极响应“双碳”目标，未来一段时期在制订中长期市场交易电量规模、火电机组发电计划时，仍将足量预留清洁能源优先发电空间。为实现核电的安全保障性消纳，预计政策方面仍将鼓励核电以“优价满发”模式参与电力市场。②2021年，新建成的田湾5号和福清5号机组将全面投入运行，田湾6号、福清6号、红沿河5号和6号机组、防城港3号和4号机组也将于近两年投产。

（3）盈利状况。未来三年，核电的营业收入稳步上升，但盈利能力将面临压力，主要原因如下：①在核电电价和发电设备利用小时有保障的情况下，随着投运机组增加、上网电量增多，核电营业收入将稳步上升；②核燃料价格回升趋势明显，核电站运营成本上升，核电盈利能力会受到一定影响。

（4）综合展望。未来三年，核电发展建设迎来机遇期，核电投资规模将逐渐扭转下降趋势，实现稳步回升；核电设备利用小时维持高水平，发电量呈平稳上升趋势；国产三代核电技术逐步成熟，四代核电技术取得突破；核电企业的营业收入持续增长，盈利能力略有下降，但在各类发电企业中仍位于较高水平。

第 5 章

风电投资及发展形势分析

5.1 风电投资情况

5.1.1 投资规模

2020年我国风电投资2618亿元，在2019年1535亿元高投资强度的基础上，实现了1083亿元的增长，同比增幅为70.6%，连续第二年大幅增长，再创风电投资历史最高水平，在所有电源类型中继续稳居第一位。国家补贴政策退坡引发行业抢装是投资大幅增长的主要原因之一。

2010年以来，我国风电投资规模受政策的影响较大，呈局部大幅波动、总体增长的“W”型发展态势。2010—2020年风电投资规模如图5-1所示。

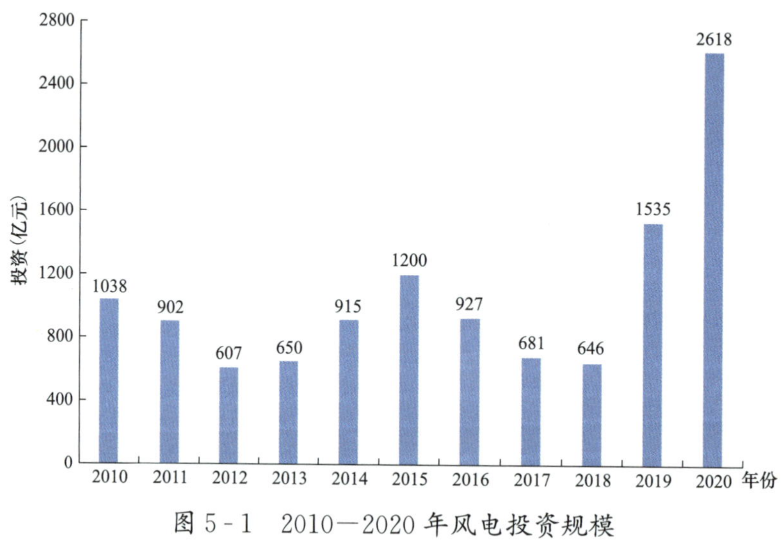

图5-1　2010—2020年风电投资规模

2020年风电投资在电源总投资中占比由2019年的37.8%提升至49.9%，同比提高12.1个百分点。2010年以来，风电投资在电源总投资中的占比均超过15%，是我国电源投资结构中的重要组成，与风电投资规模相同，也呈整体增长较大、局部波动明显的“W”形。“十三五”时期，风电投资在电源总投资中占比相较“十二五”有明显增长。2010—2020年风电投资在电源总投资中占比如图5-2所示。

图 5-2　2010—2020 年风电投资在电源总投资中占比

5.1.2　成本情况

据 2020 年 8 月召开的第五届全球海上风电大会相关讯息，2020 年陆上风电单位千瓦工程造价多在 7000 元/kW 左右，海上风电单位千瓦工程造价则降至 15 700 元/kW，江苏海域建设条件较好，目前单位千瓦工程造价在 14 000 元/kW，广东和福建两地则相对更高，在 17 000～18 000 元/kW。2013—2020 年风电单位千瓦工程造价如图 5-3 所示。

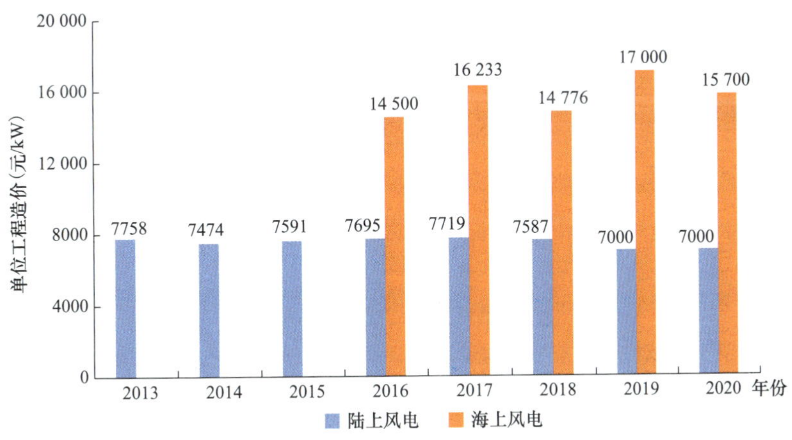

图 5-3　2013—2020 年风电单位千瓦工程造价

5.1.3　投资预警情况

为引导风电企业理性投资，防范投资风险，督促各地区改善风电开发建设投资环境，促进风电产业持续健康发展，国家能源局持续公布风电投资监测预警结果。预警结果分为红色、橙色和绿色三类，各类预警区域风电建设管理原则为：红色预警地区暂停风电开发建设；橙色预警地区除符合规划且列入年度实施方案的风电项目和国家能源局组织的示范项目及市场化招标项目外，不再新增年度建设规模，之前已纳入年度实施方案的项目可以继续核准建设；预警结果为绿色的地区按照有关要求自行组织风电项目建设。

2020年的风电投资监测预警如下：新疆（含兵团）、甘肃、蒙西为橙色区域；山西北部忻州市、朔州市、大同市，河北省张家口市和承德市、内蒙古赤峰市按照橙色预警管理；甘肃河东地区按照绿色区域管理；其他省（区、市）和地区为绿色区域。全国红色预警全面解除。甘肃和新疆摘掉“红帽”，风电基地项目（外送为主的）建设有望重启。2016—2020年，风电红色预警省份数量分别是5省、6省、3省、2省和0省，风电装机冗余和消纳难问题逐渐得到解决，风电投资空间得以拓宽，环境趋于宽松。国家能源局2016—2020年风电开发投资监测预警如表5-1所示。

表5-1　国家能源局2016—2020年风电开发投资监测预警　单位：个

预警结果	2016年	2017年	2018年	2019年	2020年
红色预警区域数量	5	6	3	2	0
橙色预警区域数量	2	0	3	1	3
绿色预警区域数量	24	25	25	28	29

注　2020年预警区域将内蒙古细分为蒙东（绿色）和蒙西（橙色）分别统计。

5.1.4　投资政策环境

（1）补贴政策。2019年5月，国家发改委印发《关于完善风电上网电价政策的通知》（发改价格〔2019〕882号）。该通知规定了已核准项目国补截止时间点，即2018年底之前核准的陆上风电项目，2020年底前仍未完成

并网的，国家不再补贴，2019 年 1 月 1 日至 2020 年底前核准的陆上风电项目，2021 年底前仍未完成并网的，国家不再补贴；明确了陆上风电国补退出时点，即自 2021 年 1 月 1 日开始，新核准的陆上风电项目全面实行平价上网，国家不再补贴。

2020 年 1 月，财政部、国家发展改革委和国家能源局联合发布《关于促进非水可再生能源发电健康发展的若干意见》（财建〔2020〕4 号）。该意见明确指出新增海上风电不再纳入中央财政补贴范围，按规定完成核准（备案）并于 2021 年 12 月 31 日前全部机组完成并网的存量海上风力发电项目，按相应价格政策纳入中央财政补贴范围。

综上，风电国补退出时点明确，即 2022 年及以后年份新核准或未如期并网的存量风电项目将不再享受国家补贴。

海上风电当前尚不具备无补贴自我持续发展的能力，故在国补取消后，地方补贴成为行业关注的焦点之一。广东省能源局于 2020 年 12 月 30 日下发了《关于促进我省海上风电有序开发及相关产业可持续发展的指导意见（征求意见稿）》，是我国第一个涉及海上风电地方补贴的政策。该意见提出要合理安排（广东）省管海域不再享受国家补贴项目的省级补贴标准，并计划采取地方政府投资补贴的方式，补贴方案中广东省财政补贴额度固定。2021 年 6 月 1 日，广东省能源局正式印发了《广东省人民政府办公厅关于促进海上风电有序开发和相关产业可持续发展实施方案的通知》，明确省政府对省管海域未能享受国家补贴的项目进行投资补贴，补贴标准为：2022、2023、2024 年全容量并网项目每千瓦分别补贴 1500、1000、500 元，2025 年及以后不再补贴。

（2）建设方案。2021 年 5 月 11 日，国家能源局印发了《国家能源局关于 2021 年风电、光伏发电开发建设有关事项的通知》（国能发新能〔2021〕25 号）。该通知要求各省级能源主管部门 2021 年要加快推进存量项目建设，并依据本省（区、市）2022 年非水电最低消纳责任权重，确定 2022 年度保障性并网规模，做好项目储备；地方政府落实风光项目建设条件，推动出台土地、财税和金融等支持政策；电网企业会同全国新能源消纳监测预警中心及时公布各省级区域并网消纳情况及预测分析，引导理性投资、有序建设。

（3）可再生能源电力消纳责任权重。2021 年 5 月 21 日，国家发展改革委和国家能源局联合印发《国家发展改革委　国家能源局关于 2021 年可再生能源电力消纳责任权重及有关事项的通知》（发改能源〔2021〕704 号）。该通知明确从 2021 年起，每年初滚动发布各省权重，同时印发当年和次年消纳责任权重，当年权重为约束性指标，各省按此进行考核评估，次年权重为预期性指标，各省按此开展项目储备。允许各省在确保完成 2025 年消纳责任权重预期目标的前提下，将未完成的消纳责任权重累积到下一年度一并完成。各省 2022 年总量消纳责任权重和非水电消纳责任权重最低预期值普遍介于 2021 年要求的相应指标最低值和激励值之间。

5.2　风电供应情况

我国风能开发利用起步较晚，2003 年我国风电装机容量仅 10 万 kW，2020 年已连续第 10 年位居世界第一，总体发展速度非常快。在“双碳”目标推进和新型电力系统建设大背景下，风电已是我国新增电力供应的重要组成部分，并逐步由补充能源向替代能源转变。

5.2.1　装机容量

（1）风电装机发展现状及趋势。2020 年我国风电装机达到 28 153 万 kW，同比增长 7238 万 kW，同比增速 34.6%，为“十三五”最高增速。2010 年以来，我国风电装机容量呈现逐年增长、增幅较大的发展态势，增幅始终在 10%以上，由 2010 年的 2958 万 kW 增至 2020 年的 28 153 万 kW，年均增长 2520 万 kW，年均增幅达 25.3%。“十三五”时期风电发展仍在提速，年均增长达到 3351 万 kW。2010－2020 年风电装机容量如

图 5 - 4 所示。

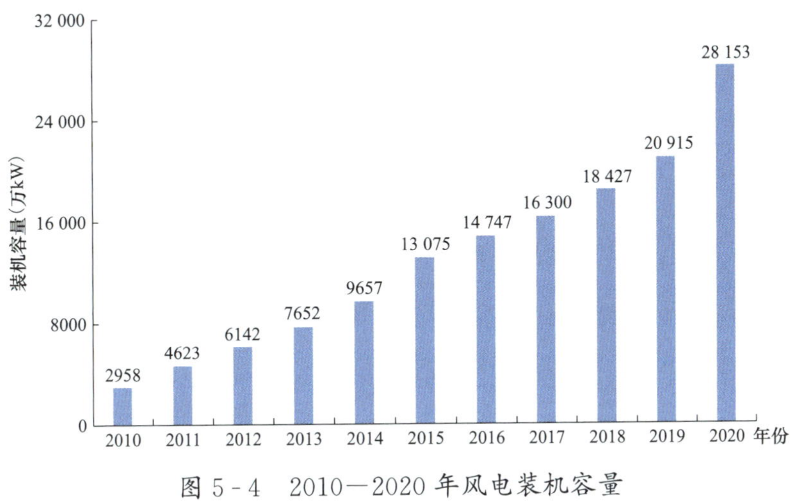

图 5 - 4　2010—2020 年风电装机容量

风电是新时代能源发展的必然选择，发展正当其时。2020 年 12 月 12 日，习总书记在气候雄心峰会上提出：到 2030 年，风电、光伏装机容量将达到 12 亿 kW 以上。截至 2020 年，风电装机容量 2.8 亿 kW，光伏装机容量 2.5 亿 kW，风、光装机容量合计 5.3 亿 kW。装机容量现状距离 2030 年发展下限仍有 6.7 亿 kW 的差距，即为完成国际承诺，2021—2030 平均每年风光至少要新增装机容量 6700 万 kW。该装机规模仅在 2017 年（7063 万 kW，其中风电新增装机容量 1653 万 kW）和 2020 年（1.2 亿 kW，其中风电新增装机容量 7238 万 kW）达到，2018 年（6418 万 kW，其中风电新增装机容量 2027 万 kW）接近。当然我们也认识到近几年风电发展明显提速，且随着 2020 年“双碳”目标提出以及为实现该目标的一系列举措的颁布，风光大发展的基本面将在未来一个时期内不会改变。如参考国家能源局《2021 年能源工作指导意见》中所提的目标——2021 年非化石能源装机容量力争达到 11 亿 kW（截至 2020 年，非化石能源装机容量 9.6 亿 kW，还有 1.4 亿 kW 的空缺，水电每年新增装机容量约 5000 万 kW，核电近年装机规模较为稳定，预留 1000 万 kW，风光 2021 年仍要新增 8000 万 kW），本报告认为风光合计年均新增装机容量 6700 万 kW 的目标是可以实现的，在我国高度重视国际承诺的大背景下，该目标也必然实现，且 2030 年“风电、光伏装机容量达到12亿kW以上”目标大概率会提前实现。

（2）海上风电。2020年我国海上风电装机容量达到899万kW，在全球海上风电总装机容量中占比25.7%，首次超过德国，仅次于英国，成为全球海上风电装机第二位的国家；新增装机容量306万kW，超过全球海上风电新增装机的一半，占比达到50.4%，同比增速51.6%，增长幅度明显。

近年来，海上风电建设大幅提速，新增装机规模呈逐年大幅增长的发展趋势。“十三五”时期，年均增长184万kW，年均增速高达53.2%。2015—2020年我国海上风电装机规模如表5-2所示。

表5-2　2015—2020年我国海上风电装机规模　单位：万kW

项目	2015年	2016年	2017年	2018年	2019年	2020年
海上风电装机规模	104	163	279	395	593	899
海上风电新增装机规模	36.5	59	116	116	198	306

（3）风电装机容量在我国电源总装机容量中占比。2020年风电装机容量在我国电源总装机容量中占比12.8%，同比提高2.4个百分点。2010—2020年，风电装机容量在我国电源总装机容量中占比逐年稳步提升，“十二五”期间风电占比提升显著，增幅明显，“十三五”以来增幅放缓，2020年一改“十三五”前4年的缓慢增长态势，创下了2010年以来的最大增幅。2010—2020年风电装机容量在我国电源总装机容量中占比如图5-5所示。

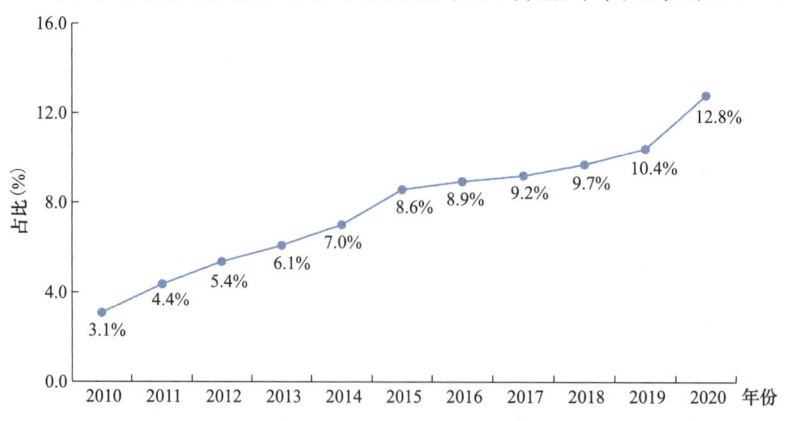

图5-5　2010—2020年风电装机容量在我国电源总装机容量中占比

（4）2020年各省风电装机容量。2020年内蒙古是全国唯一风电装机容量破3000万kW的省份，达3786万kW，高出排名第二位的新疆（装机容量2361万kW）1425万千瓦，领先地位牢固。风电装机仍较为集中，装机容量超1000万kW级的省份包括内蒙古、新疆、河北、山西、山东、江苏、河南、宁夏和甘肃等九省（相较2019年，河南新晋为千万千瓦级装机省份），合计装机容量达到18 005万kW，占全国风电总装机容量的63.9%。2020年各省风电装机容量如图5-6所示。

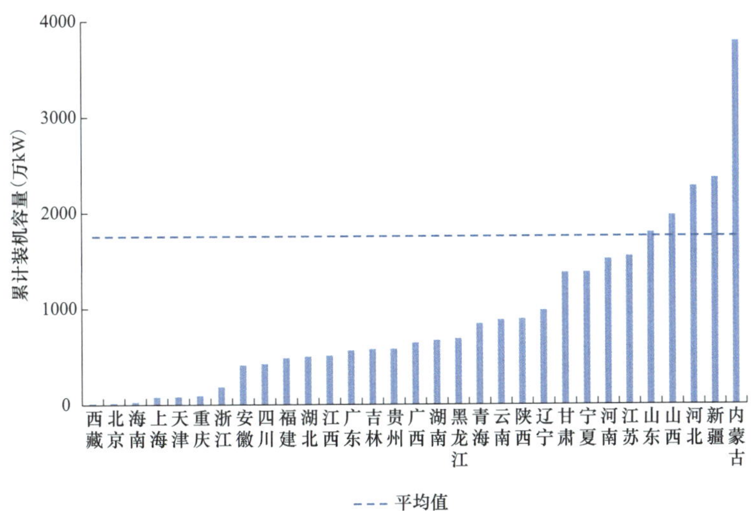

图5-6　2020年各省风电装机容量

5.2.2　发电量

（1）风力发电量现状及发展趋势。2020年风力发电量4665亿kWh，同比增长612亿kWh，同比增幅15.1%，是2010年以来风力发电量历史较低增速。

2010年以来，我国风力发电量呈现逐年持续增长的发展态势，由2010年494亿kWh增至2020年4665亿kWh，年均增长417亿kWh，年均增速25.2%。“十三五”时期年均增长564万kWh，在各电源类型中所发挥的供电作用愈加重要。2010—2020年风力发电量如图5-7所示。

图 5-7　2010—2020 年风力发电量

（2）风力发电量在全国发电总量中占比。2020 年风力发电量在全国发电总量中占比为 6.1%，同比提高了 0.6 个百分点。2010—2020 年，风力发电量在全国发电总量中占比逐年稳步提升，受到风电平均利用小时数较低的影响，风力发电量在全国发电总量中的占比增长幅度普遍低于同期装机容量占比增幅，随着海上风电装机容量占比增大，该情况有望得到一定程度改善。相较“十二五”时期，“十三五”时期风力发电量占比的发展趋势线斜率更大。2010—2020 年风力发电量在全国发电总量中占比如图 5-8 所示。

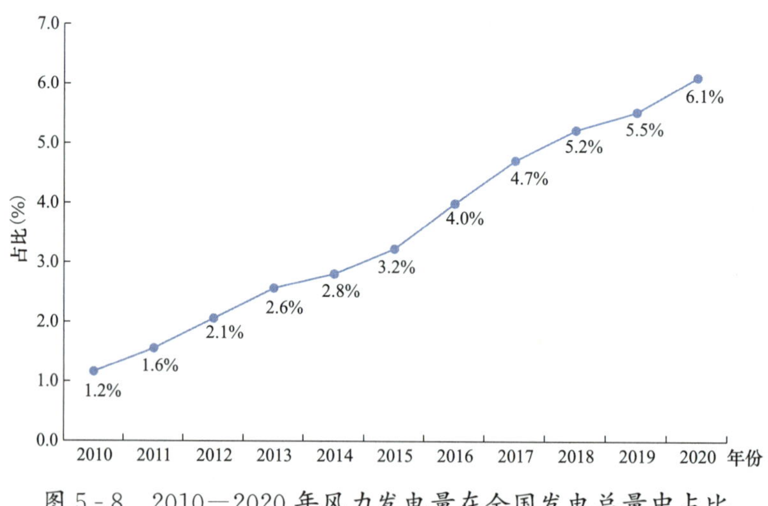

图 5-8　2010—2020 年风力发电量在全国发电总量中占比

（3）2020 年各省风力发电量情况。2020 年内蒙古是全国风力发电量最大省份，达 726 亿 kWh，高出排名第二位的新疆（全年发电量为 434 亿

kWh）292 亿 kWh，领先地位牢固。年发电量超 200 亿 kWh 的省份包括内蒙古、新疆、河北、山西、山东、云南、甘肃和江苏等八省份（江苏发电量首度突破 200 亿 kWh）。八省发电量共计 2778 亿 kWh，占全国风电总发电量的 59.5%，风力发电量在区域上同样较为集中。2020 年各省风力发电量如图 5 - 9 所示。

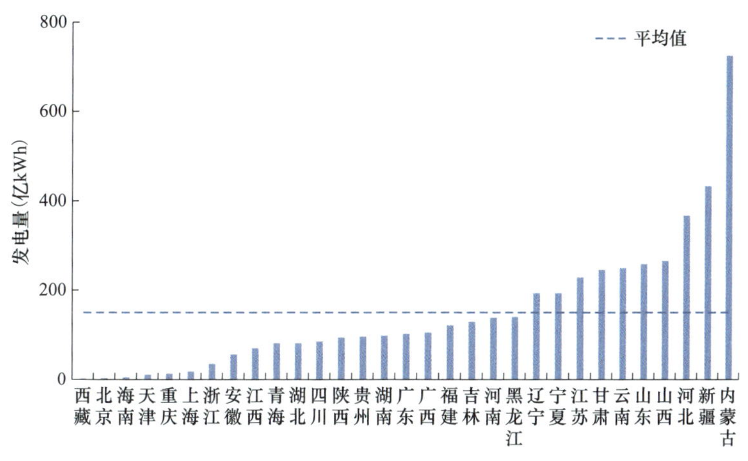

图 5 - 9　2020 年各省风力发电量

5.2.3　弃风电量和弃风率

（1）全国弃风电量和弃风率整体情况。2020 年全国弃风电量 166 亿 kWh，同比略有降低，弃风率 3%，同比降低 1 个百分点，实现弃风电量和弃风率双降。

2020 年在规定风电最低保障收购年利用小时数的地区中，甘肃Ⅲ类资源区、宁夏Ⅲ类资源区和山西Ⅳ类资源区未达国家最低保障收购年利用小时数要求，实际利用小时数比最低保障收购年利用小时数分别低 162h、197h 和 150h。新疆Ⅰ类地区实际利用小时数高于保障性利用小时数 716h，超出值为全国最高水平。

2013 年以来，风电弃风电量和弃风率由较强波动向逐年改善转变，2017—2020 年更是实现弃风电量和弃风率连续四年双降，风电消纳呈现较明显的向好发展趋势。2013—2020 年风电消纳情况如表 5－3 所示。

表 5－3　　2013—2020 年风电消纳情况

指标	单位	2013 年	2014 年	2015 年	2016 年	2017 年	2018 年	2019 年	2020 年
弃风电量	亿 kWh	162	126	339	497	419	277	169	166
弃风率	%	11	8	15	17.2	12	7	4	3

（2）典型省份弃风电量和弃风率情况。新疆、甘肃和内蒙古一直是我国弃风情况较为严重的省份。2020 年新疆、甘肃和蒙西弃风率同比均出现较大降幅，其中，新疆弃风率同比降低 3.7 个百分点至 10.3%，蒙西同比降低 1.9 个百分点至 7%，甘肃同比降低 1.3 个百分点至 6.4%。

5.2.4　发电设备利用小时

（1）全国风力发电设备利用小时情况。2020 年 6000kW 及以上电厂风力发电设备利用小时为 2073h，同比基本持平。2010 年以来，我国 6000kW 及以上电厂风力发电设备利用小时呈波浪线型发展趋势，在风电装机容量大幅增长的背景下，风电设备利用小时保持在相对较高水平运行，可再生能源保障性消纳举措在其中发挥了重大作用。“十三五”时期，风力发电设备利用小时整体有较大增长，近三年稳中略降。2010—2020 年 6000kW 及以上电厂风力发电设备利用小时数如图 5－10 所示。

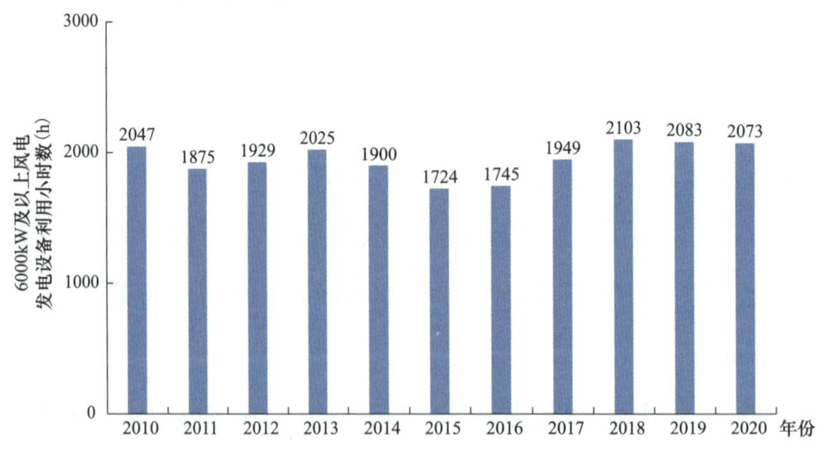

图 5－10　2010—2020 年 6000kW 及以上电厂风力发电设备利用小时数

(2) 2020 年各省风电设备利用小时情况。2020 年 6000kW 及以上电厂风力发电利用小时超过全国平均利用水平（2073h）的省份共计 14 个，占比 45.2%。在全国装机容量超千万千瓦的九个省份中，前三省份内蒙古、新疆和河北均高于全国平均利用小时，山西、山东、江苏、河南、宁夏和甘肃则在全国平均利用小时以下。2020 年各省 6000kW 及以上电厂风力发电设备利用小时具体如图 5-11 所示。

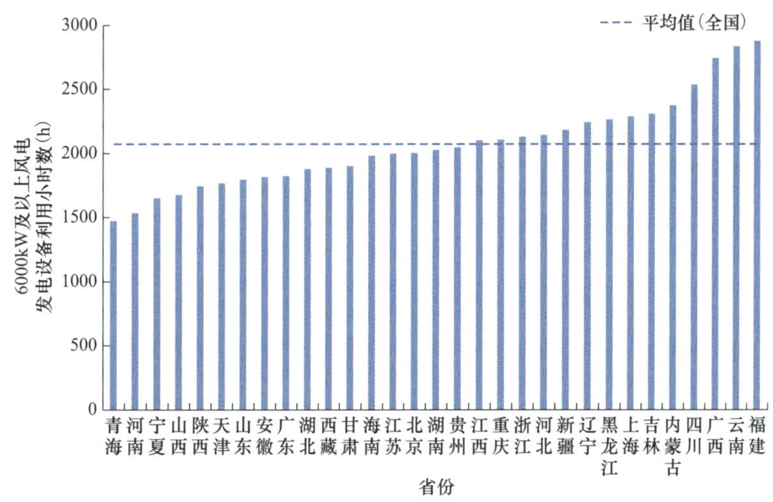

图 5-11 2020 年各省 6000kW 及以上风力发电设备利用小时

5.3 风电盈利情况

风电盈利情况通过三峡能源、川能动力、节能风电、嘉泽新能、中闽能源、珠海港昇等 6 家上市公司（除了嘉泽新能外，其他 5 家上市公司的第一大股东均为国资背景的能源开发企业）的主要财务指标反映，具体指标包括毛利率、净利率、总资产收益率、净资产收益率和资产负债率。

(1) 典型风电企业主要财务指标表现。2020 年典型风电上市公司净资产收益率和总资产收益率稳中略降，但总体仍处于历史较好水平，毛利率和净利率处于 2013 年以来的最好水平，资产负债率有所回升，为 2015 年以来最高值。整体而言，当前风电上市公司的主要财务指标处在历史较好水平。

2013—2020年典型风电上市公司主要财务指标如表5-4所示。

表5-4　2013—2020年典型风电上市公司主要财务指标　单位：%

指标	2013年	2014年	2015年	2016年	2017年	2018年	2019年	2020年
毛利率	24.0	44.4	43.6	48.5	21.9	32.9	45.4	49.1
净利率	-15.6	9.8	14.6	22.3	12.6	17.7	23.2	24.7
净资产收益率	-57.8	5.1	3.8	4.1	7.9	8.6	8.1	8.0
总资产收益率	-2.9	1.3	1.6	2.0	3.4	3.6	3.4	3.2
资产负债率	92.7	75.0	59.4	58.1	60.5	60.5	59.6	65.1

（2）典型风机制造企业主要财务指标表现。2020年典型风机制造上市企业净资产收益率和总资产收益率总体实现同比提升，资产负债率稳中有降，大部分上市公司毛利率和净利率略有降低，整体而言，风电制造上市公司的主要财务数据处于中等水平，内部发展不平衡情况较为显著。明阳智能和金风科技仍是风机制造领域的头部企业，主要财务指标表现良好，湘电股份止住亏损，已撤销退市风险警示。风机制造上市公司主要财务指标如表5-5所示。

表5-5　风电制造上市公司主要财务指标　单位：%

企业	年份	毛利率	净利率	净资产收益率	总资产收益率	资产负债率
金风科技	2018	26.0	11.4	12.4	4.0	67.5
	2019	19.0	5.8	7.2	2.4	68.7
	2020	17.7	5.3	8.7	2.8	68.0
湘电股份	2018	7.8	-32.1	-39.3	-9.8	75.2
	2019	7.0	-30.4	-59.7	-8.5	81.2
	2020	13.4	2.2	2.8	0.7	74.0
国电科环	2018	23.4	1.0	2.4	0.3	77.3
	2019	22.1	-3.8	-6.1	-0.8	78.3
	2020	18.9	-0.3	1.1	0.2	77.9

续表

企业	年份	毛利率	净利率	净资产收益率	总资产收益率	资产负债率
明阳智能	2018	25.1	6.1	8.6	1.9	78.1
	2019	22.7	6.3	10.6	2.3	79.6
	2020	18.6	5.8	9.3	3.0	70.8
东方电气	2018	20.7	3.9	3.8	1.3	66.4
	2019	21.5	4.4	4.3	1.5	64.5
	2020	20.4	5.3	6.0	2.0	65.6
上海电气	2018	20.8	5.4	7.4	2.5	66.3
	2019	18.5	4.6	5.5	2.3	67.4
	2020	16.6	3.9	5.7	1.8	66.1

（3）产业链分析。风机制造企业是风电产业链的上游，能源开发企业属产业链的中游，由前文主要财务数据可知，能源开发企业的核心财务指标（净资产收益率和总资产收益率）同上游风机制造头部企业的表现基本相当，优于上游一般企业，整体而言，风电产业链中上游企业基本处于互利共生的良性合作环境，中游企业整体盈利能力略高于上游企业。“双碳”目标下，风电产业链迎来进一步发展的重大机遇，产业链整体盈利水平有望提高。然而，行业的大发展并不意味着行业内企业都能均等地分享到发展红利，只有具备领先技术能力和产业链整合能力的优质企业才会拥有更加广阔的成长空间，故各企业应更为重视综合能力的提升，保持行业竞争力，并合理规划供应能力，避免产能过剩风险。

5.4　风电发展前景展望

（1）投资趋势。预计未来三年风电投资仍将维持较高强度，且仍将位于各类型电源投资的第一位。主要原因如下：①2022 年及以后年份新核准或未如期并网的存量风电项目将不再享受国家补贴，陆上风电已经基本迎来平价时代，资源优质地区的部分陆上风电项目已经具备较好盈利能力；但海上风电项目的经济性在支撑自身生存能力方面尚存在较大不确定性，预计部分沿海经济发达省份将会陆续出台地方补贴以接力扶持产业发展，因此，国补取消对风电行业虽然存在较大的负面影响，但已经逐渐为行业接受。②风电是“双碳”目标达成、以新能源为主体的新型电力系统构建的重要构成部分，且装机规模距离实现2030年的国际承诺规模仍有较大空间，未来新增风电装机规模可观，风电行业快速发展仍将延续。③国家能源局出台了一系列产业支持政策，且风电增值税和所得税优惠政策环境总体平稳，整体而言，风电投资的政策环境稳中向好。④陆上风电新增装机是行业新增装机的主体，新疆、内蒙古、云南、福建、四川等优质陆上风资源区将对投资产生较大吸引力，百万千瓦级大基地也已涌现，陆上风电呈现复苏发展趋势。⑤海上风电发展明显提速，已成为部分沿海经济大省完成可再生能源电力消纳责任权重的重要途径。

（2）供应形势。未来三年，我国风电装机容量占比和发电量占比仍将继续稳步提升。主要原因如下：①风电是新时代能源发展的必然选择，发展正当其时。我国承诺在2030年风电、光伏装机将达到12亿kW以上，本报告认为风光合计年均新增装机6700万kW的目标是可以实现的，在我国高度重视国际承诺的大背景下，该目标也必然实现。②丰富的资源禀赋有能力支撑风电行业大发展。中国气象局风能太阳能资源中心在2015年评估我国陆地70m高度的风能可开发量为50亿kW，刘吉臻院士在2019年评估我国50m水深70m高度的海上风能可开发量为5亿kW，目前我国风能装机2.8亿kW，风电可开发潜力巨大。③风电利用小时数将延续当前稳定的发展趋势。

（3）盈利状况。未来三年，风电盈利指标会平稳发展，大概率仍将处于历史较好水平。主要原因如下：①当前风电行业主要财务指标连续三年平稳发展，且均位于历史较高水平。②风电成本仍有下降空间，风电技术将推动成本进一步下降，对风电盈利能力提升产生积极影响。③虽然地补会接力国

补，但是通过广东省能源局政策来看，地方补贴力度有限，国补取消对风电盈利能力仍将造成一定的负面影响。④风电增值税和所得税继续维持当前的优惠政策，且呈现较为稳定的预期。

（4）综合展望。未来三年，风电投资仍将在各类型电源投资规模中占据第一位；装机容量和发电量占比持续增加，弃风电量和弃风率将继续得到有效控制；风电盈利状况平稳发展，并将处于历史较好水平。

第 6 章

光伏发电投资及发展形势分析

太阳能发电包括太阳能光伏利用和光热利用两类。我国光热发电目前多处于示范项目开发阶段，装机规模不足同期光伏装机容量的 1%。因此，本章统一采用光伏发电的表述方式，其中投资、发电利用小时指标数据含光热发电。

6.1　光伏发电投资情况

6.1.1　投资规模

2020 年我国光伏发电投资 618 亿元，比上年增加 246 亿元，同比增长 66.1%。光伏投资规模创历史新高，与预期相符，主要有以下两方面原因：一方面，2020 年是我国光伏电站和工商业分布式光伏享受国补的最后一年，叠加光伏增值税优惠政策 2020 年到期，光伏迎来享受补贴锁定较高电价的抢装潮；另一方面，在“双碳”目标下，光伏行业作为实现“双碳”目标的主要力量，成为新的投资高地。

2010 年以来，我国光伏发电投资呈总体增长明显、局部大幅波动的发展态势，受政策影响较为显著。2010—2020 年光伏发电投资规模如图 6 - 1 所示。

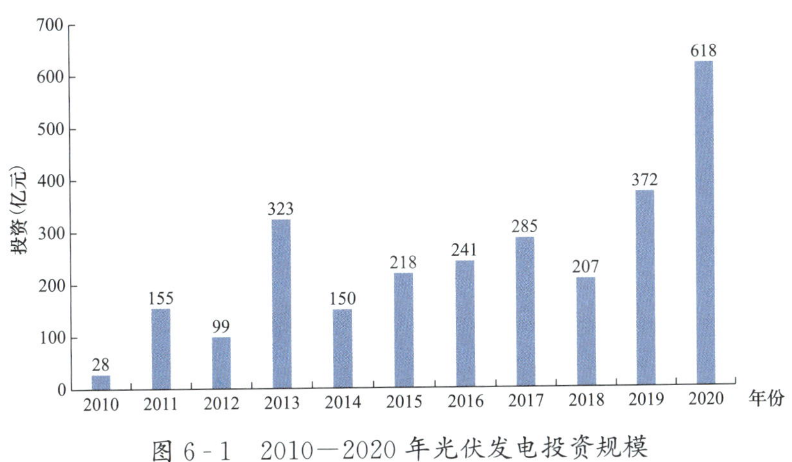

图 6 - 1　2010—2020 年光伏发电投资规模

需要说明的是，目前光伏投资数据是参照《中国电力年鉴》以及中电联发布的《全国电力工业统计快报》中全国主要电力企业电力工程建设完成投资数减去火电、水电、核电和风电建设完成投资数总和后计算得出。本报告判断该光伏投资数据偏低，但在获取更有效和更直接的太阳能发电投资数据渠道之前，本报告仍采用该统计方法。在各年度光伏投资规模的来源和计算方法一致的背景下，该组投资数据对于把握光伏投资发展趋势也具有一定价值。

2020年光伏发电投资在电源总投资中占比11.8%，同比增长2.6个百分点，占比首次超过10%，并首次超过火电投资（10.5%）、核电投资（7.2%）。2010年及以前，光伏发电基本处于示范探索阶段，投资规模几乎可以忽略不计。2010—2020年光伏发电投资在电源总投资中的占比呈总体有较大提升、局部大幅波动的发展态势。2010—2020年光伏投资在电源总投资中占比如图6-2所示。

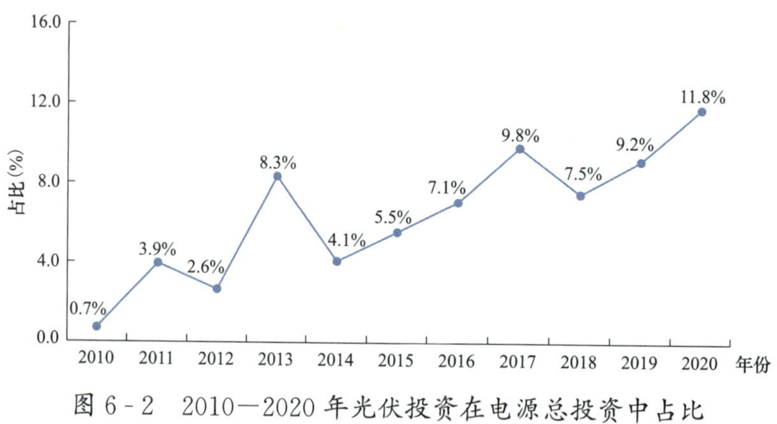

图6-2　2010—2020年光伏投资在电源总投资中占比

6.1.2　成本情况

2020年我国光伏电站的单位造价平均成本为3990元/kW左右，较2019年下降560元/kW，降幅12.3%。从成本构成看，管理费用、电网接入成本和一次性土地费用等非技术成本占比约20%；而包括组件、逆变器、固定式支架、建安费用、一次设备、二次设备和电缆在内的系统成本占比约

80%，其中光伏组件占比最大约为 37%左右，受全球市场变化影响较大。2020 年光伏投资成本价格较前两年大幅下降的主要原因在于：一方面，国内光伏组件产能供大于求；另一方面新冠疫情冲击下国外光伏电站建设速度放缓，国内外疫情暴发时间的差异，供需平衡被打破，国内光伏组件价格出现 20%左右的降幅。但随着疫情的好转，2021 年上半年光伏组件价格大幅上涨。

随着光伏技术持续快速进步，我国光伏发电单位造价水平显著降低。2010—2020 年光伏发电单位造价水平如表 6-1 所示。

表 6-1　2010—2020 年光伏发电单位造价水平　单位：元/kW

年份	2010	2011	2012	2013	2014	2015	2016	2017	2018	2019	2020
光伏发电单位造价成本	25 000	17 500	10 000	9183	8620	8466	—	—	4920	4550	3990
集中式	—	—	—	—	—	—	8393	7258	—	—	—
分散式	—	—	—	—	—	—	7531	6605	—	—	—

6.1.3　投资政策环境

本节主要从国家补贴、建设方案、金融政策等 3 个方面分析光伏发电投资政策环境。

（1）国家补贴。2021 年 5 月 11 日，国家能源局印发《关于 2021 年风电、光伏发电开发建设有关事项的通知》（国能发新能〔2021〕25 号）。《通知》明确户用光伏发电仍有补贴，财政补贴预算额度为 5 亿元，具体补贴强度按价格部门相关政策执行。但在补贴中没有提及集中式光伏电站和工商业分布式光伏项目。

2021 年 6 月 11 日，国家发改委发布《关于 2021 年新能源上网电价政策有关事项的通知》（发价格〔2021〕833 号）。《通知》明确：①2021 年起，对新备案集中式光伏电站、工商业分布式光伏项目和新核准陆上风电项目

（以下简称“新建项目”），中央财政不再补贴，实行平价上网。②2021年新建项目上网电价，按当地燃煤发电基准价执行；新建项目可自愿通过参与市场化交易形成上网电价，以更好体现光伏发电、风电的绿色电力价值。③2021年起，新核准（备案）海上风电项目、光热发电项目上网电价由当地省级价格主管部门制订，具备条件的可通过竞争性配置方式形成，上网电价高于当地燃煤发电基准价的，基准价以内的部分由电网企业结算。④鼓励各地出台针对性扶持政策，支持光伏发电、光热发电等新能源产业持续健康发展。

（2）建设方案。自“双碳”目标确定以来，以光伏、风电等为代表的新能源成为实现“双碳”目标的重要抓手。国家各部委及地方政府相继出台系列举措，进一步明确了光伏建设的目标以及实现路径，光伏建设的支持力度进一步加大，尤其是“整县推进”将有力推动全国范围内建设分布式光伏，为后续光伏快速发展提供了政策保障。

2020年8月14日，交通部印发《推动交通运输领域新型基础设施建设的指导意见》（交规划发〔2020〕75号）。《指导意见》提出，将推进新能源新材料行业应用，鼓励在服务区、边坡等公路沿线合理布局光伏发电设施，与市电等并网供电。

2021年5月11日，国家能源局印发《关于2021年风电、光伏发电开发建设有关事项的通知》（国能发新能〔2021〕25号）。《通知》明确：2021年保障性并网规模主要用于安排存量项目；存量项目无须参加竞争性配置，2019年和2020年平价风电光伏项目，以及竞价光伏项目直接纳入各省（区、市）保障性并网项目范围。户用光伏发电建设管理继续按《国家能源局关于2019年风电、光伏发电项目建设有关事项的通知》（国能发新能〔2019〕49号）有关要求执行。户用光伏发电项目由电网企业保障并网消纳。

2021年5月25日，住房和城乡建设部、生态环境部、能源局等15部门联合发布《关于加强县城绿色低碳建设的意见》（建村〔2021〕45号），提

出构建县城绿色低碳能源体系，推广分散式风电、分布式光伏、智能光伏等清洁能源应用，提高生产生活用能清洁化水平，推广综合智慧能源服务，加强配电网、电动汽车充电桩等能源基础设施建设。以绿色低碳理念引领县城高质量发展，推动形成绿色生产方式和生活方式，促进实现碳达峰、碳中和目标。

2021 年 6 月 20 日，国家能源局综合司正式下发《关于报送整县（市、区）屋顶分布式光伏开发试点方案的通知》，在全国组织开展整县（市、区）推进屋顶分布式光伏开发试点工作。《通知》指出，党政机关建筑屋顶总面积可安装光伏发电比例不低于 50%；学校、医院、村委会等公共建筑屋顶总面积可安装光伏发电比例不低于 40%；工商业厂房屋顶总面积可安装光伏发电比例不低于 30%；农村居民屋顶总面积可安装光伏发电比例不低于 20%。截至 7 月 20 日，全国已经有超过 20 个省份迅速下发整县推进的文件。

（3）金融政策。2021 年 2 月 24 日，国家发改委、财政部、中国人民银行、银保监会、国家能源局五部门联合印发《关于引导加大金融支持力度促进风电和光伏发电等行业健康有序发展的通知》（发改运行〔2021〕266 号）。《通知》提出，对短期偿付压力较大但未来有发展前景的可再生能源企业，金融机构可以按照风险可控原则，在银企双方自主协商的基础上，根据项目实际予以贷款展期、续贷或调整还款进度、期限等安排。已纳入补贴清单的可再生能源项目所在企业，对已确权应收未收的财政补贴资金，可申请补贴确权贷款。金融机构按照市场化、法治化原则，以企业已确权应收未收的财政补贴资金为上限自主确定贷款金额。

6.2　光伏发电供应情况

相较其他电源，太阳能利用虽发展起步较晚，但在政策扶持和国家补贴下，得到高速发展。2020 年光伏发电装机规模延续了高速增长态势。相较装机规模，光伏发电量则受限于利用小时低等因素影响占比较低。虽然2020年是光伏电站、工商业分布式光伏享受国家补贴的最后一年，但在我国“双碳”目标形势下，光伏发电等可再生能源供应仍将快速增长。

6.2.1 装机容量

（1）光伏发电新增装机容量。2020年我国光伏新增装机容量4820万kW，其中，新增光伏电站3268万kW，新增分布式光伏1552万kW。新增分布式光伏装机容量在总新增装机容量中占比由2015年9.2%提升至2018年的47.4%，2019年、2020年连续两年下降，2020年降低至32.2%。相较其他电源类型，集中式和分布式均衡发展是光伏发电领域的特点。2015—2020年新增光伏发电装机容量结构具体如图6-3所示。

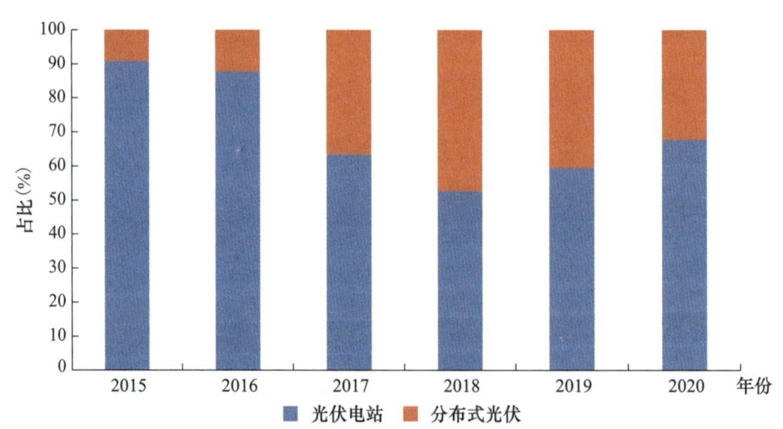

图6-3 2015—2020年新增光伏发电装机容量结构

（2）光伏发电装机发展现状及趋势。2020年光伏发电装机容量25 343万kW，比2019年增加4930万kW[1]。2010年以来，我国光伏发电装机容量呈现连年高速增长的发展态势，2010—2020年年均增长2813万kW。值得一提的是，《太阳能发展“十三五”规划》明确到2020年底光伏发电装机

[1] 由于统计口径、并网时点确认等因素，新增装机容量和发电装机容量增量存在一定差异。

达到 10 500 万 kW 以上，2020 年光伏装机总量超过“十三五”规划目标两倍。2010—2020 年光伏发电装机容量如图 6 - 4 所示。

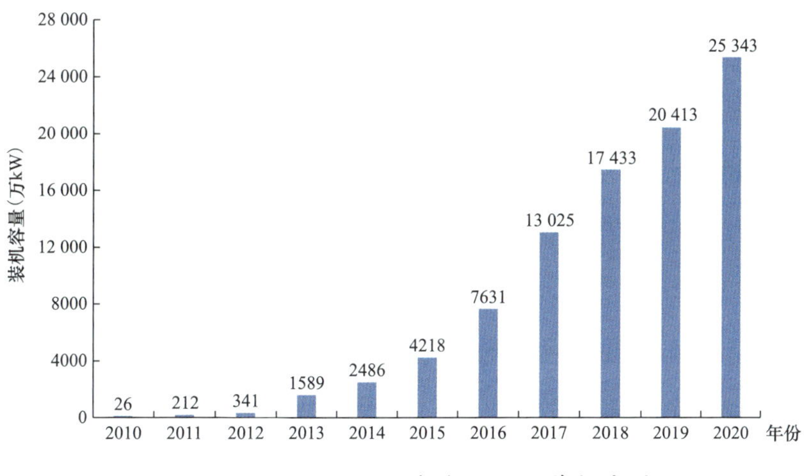

图 6 - 4　2010—2020 年光伏发电装机容量

（3）光伏发电装机容量在我国电源总装机容量中占比。2020 年光伏发电装机容量在我国电源总装机容量中占比 11.5%，同比提高 1.3 个百分点。2010 年以来，光伏发电装机容量在我国电源总装机容量中占比逐年稳步提升，2015—2018 年增长明显加快，2017 年提升 2.7 个百分点，2019 年、2020 年有所放缓。2010—2020 年光伏发电装机容量在我国电源总装机容量中占比如图 6 - 5 所示。

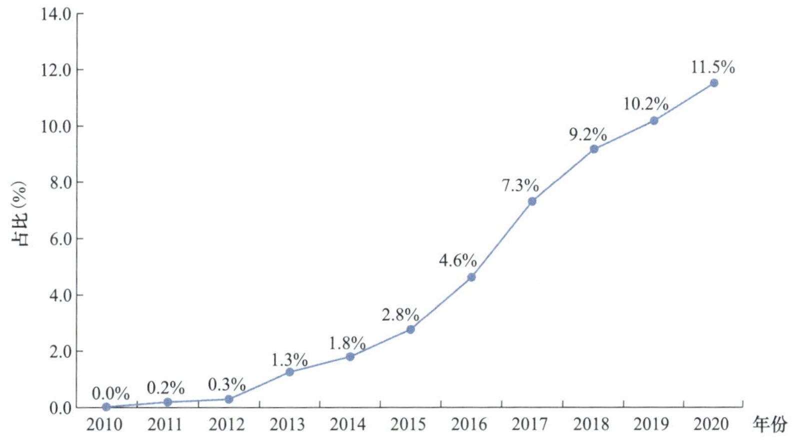

图 6 - 5　2010—2020 年光伏发电装机容量在我国电源总装机容量中占比

（4）2020年各省光伏发电装机容量。2020年山东光伏发电装机容量达2272万kW，在各省排名第一，河北2190万kW紧随其后，排名第二，两者之间的差距比2019年收窄。2020年光伏发电装机容量达千万千瓦级的省份有12个，比2019年增加2个，甘肃、宁夏两省光伏发电装机容量首次超过千万千瓦级。前十省份装机容量15 643万kW，占全国装机总量的61.7%。相较水电和风电，光伏发电装机各省发展和布局相对更为均衡，主要是由于全国范围内太阳能资源相较水力和风能分布相对更为均衡。

2020年，河北新增光伏装机容量最多，全年新增715万kW，山东、贵州新增光伏装机容量均超过500万kW，分别达到647万、547万kW，居第二、三位，前三省份新增装机容量1671万kW，占全国新增装机容量的34.7%。值得一提的是，贵州2020年新增光伏装机容量高于2019年累计装机容量（510kW）。

2020年各省光伏发电及新增装机容量如图6-6和图6-7所示。

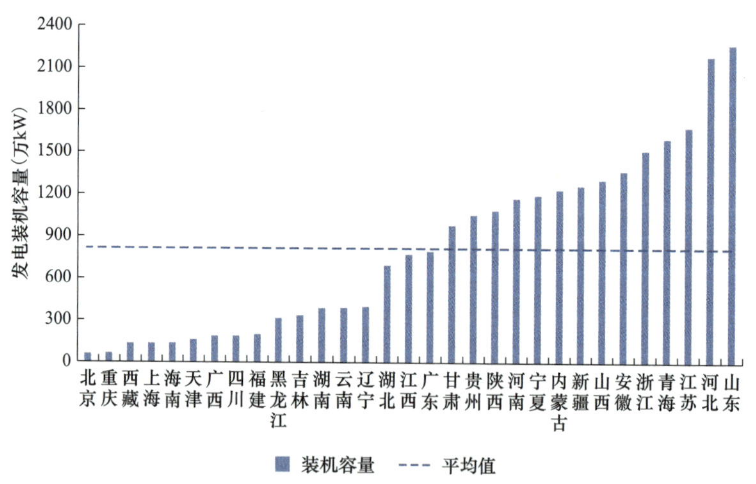

图6-6　2020年各省光伏发电装机容量及结构

6.2.2　发电量

（1）光伏发电量现状及发展趋势。2020年光伏发电量2611亿kWh，同

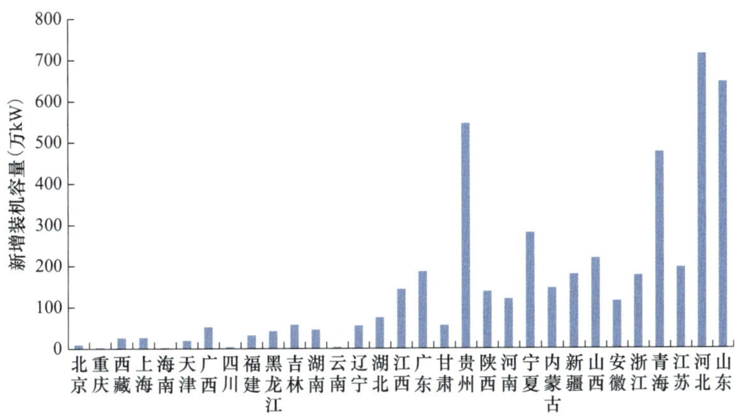

图 6-7　2020 年各省光伏发电新增装机容量及结构

比增长 371 亿 kWh，同比增幅 16.6%。光伏发电量仍保持较高速增长。

2010 年以来，光伏发电量呈现逐年大幅提升的发展态势。2014 年以前，我国光伏发电量微乎其微，2014—2020 年，发电量由 235 亿 kWh 增至 2611 亿 kWh，总体增长超过 10 倍，年均增长 396 亿 kWh，年均增幅 85%。2010—2020 年光伏发电量如图 6-8 所示。

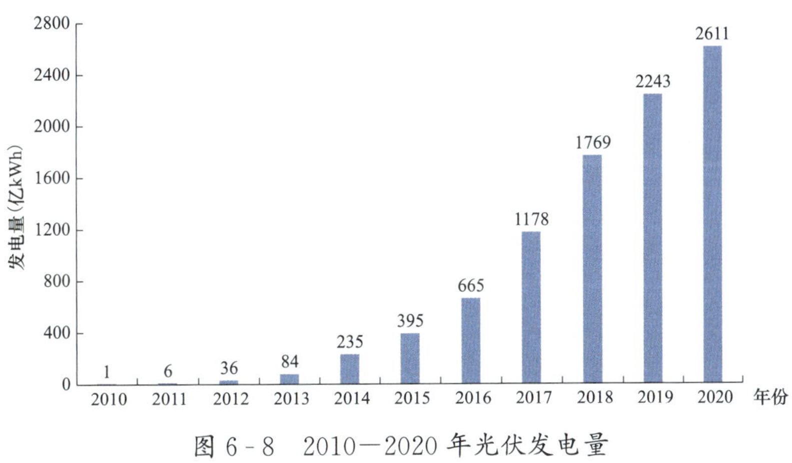

图 6-8　2010—2020 年光伏发电量

（2）光伏发电量在全国发电总量中占比。2020 年光伏发电量在全国发电总量中占比为 3.4%，同比提高 0.3 个百分点，占比仍较小。2010—2020 年，光伏发电量在全国发电总量中占比逐年稳步提升，2016 年占比首次超过 1%。光伏发电装机容量占比虽均超过 10%，但在发电量上占比仍处于较低水平。2010—2020 年光伏发电量在全国发电总量中占比如图 6-9 所示。

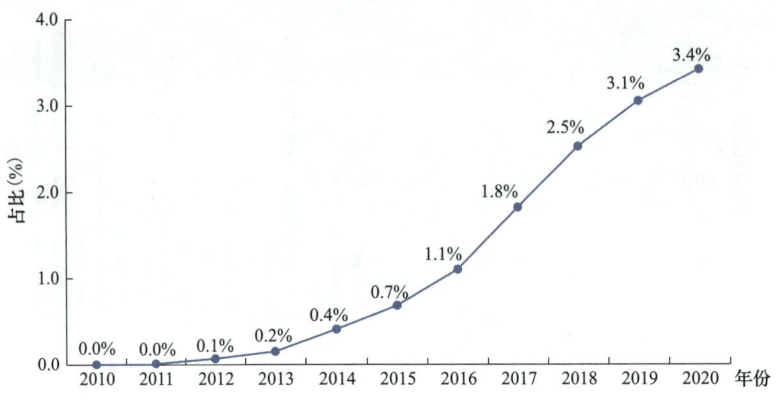

图 6-9　2010—2020 年光伏发电量在全国发电总量中占比

6.2.3　弃电量和弃光率

（1）全国弃光电量和弃光率整体情况。2020 年全国弃光电量 52 亿 kWh，同比增加 6 亿 kWh，弃光率 2%，与去年同期基本持平，优于 5%的目标水平，弃光状况较好，但在光伏装机大幅增长的背景下，未来仍需谨防反弹。

2016 年以来，在装机容量逐年大幅攀升的背景下，光伏发电实现弃光电量和弃光率均持续下降，虽然在 2020 年有所回升，但弃光电量总体降幅仍达 30.3%，弃光率总体降低了 8.1 个百分点，光伏发电消纳情况持续向好发展。2016—2020 年光伏发电消纳数据如表 6-2 所示。

表 6-2　　2016—2020 年光伏发电消纳数据

类别	单位	2016 年	2017 年	2018 年	2019 年	2020 年
弃光电量	亿 kWh	75	73	55	46	52
弃光率	%	10.1	5.8	3	2	2

（2）弃光电量和弃光率典型省份情况。以新疆、甘肃等为代表的西北地区是曾经弃光现象较严重的地方，近年来弃光现象得到有效缓解。2020 年新疆、甘肃弃光率分别为 4.6%、2.0%，同比下降 2.8、2.0 个百分点。2015—2020 年光伏双弃典型省份消纳数据统计如表 6-3 所示。

表 6-3　　2015—2020 年光伏双弃典型省份消纳数据统计

类别	双弃典型省份	2015 年	2016 年	2017 年	2018 年	2019 年	2020 年
弃光率（%）	西藏				43.6	24.1	
	新疆	26	31	22	16	7.4	4.6
	甘肃	31	30	20	10	4.0	2.0
	青海				4.7	7.2	
弃光电量（亿 kWh）	新疆	—	—	28.2	21.4	—	7.2
	甘肃	—	—	18.5	10.3	—	2.9

（3）光伏发电保障性收购落实情况。2020 年在规定光伏发电最低保障收购年利用小时数的地区中，甘肃Ⅱ类地区、青海Ⅰ类和Ⅱ类地区以及宁夏Ⅰ类地区等 4 个地区未达到光伏发电最低保障收购年利用小时数要求，其中，甘肃Ⅱ类地区实际利用小时数比最低保障收购年利用小时数地区低 137h；青海Ⅰ类和Ⅱ类地区实际利用小时数比最低保障收购年利用小时数分别低 64h 和 63h；宁夏Ⅰ类地区实际利用小时数比最低保障收购年利用小时数低 110h。2020 年光伏发电重点地区最低保障收购年利用小时数落实情况如表 6-4 所示。

表 6-4　　2020 年光伏发电重点地区最低保障收购年利用小时数落实情况

省（区）	资源区	地　区	保障性收购利用小时数（h）	2020 年实际利用小时数（h）	2020 年偏差（h）
内蒙古	Ⅰ类	除赤峰市、通辽市、兴安盟、呼伦贝尔市以外其他地区	1500	1626	126
	Ⅱ类	赤峰市、通辽市、兴安盟、呼伦贝尔市	1400	1619	219
新疆	Ⅰ类	哈密、塔城、阿勒泰、克拉玛依	1500	1655	155
	Ⅱ类	除Ⅰ类外其他地区	1350	1414	64
甘肃	Ⅰ类	嘉峪关、武威、张掖、酒泉、敦煌、金昌	1500	1535	35
	Ⅱ类	除Ⅰ类外其他地区	1400	1263	-137
青海	Ⅰ类	海西	1500	1436	-64
	Ⅱ类	除Ⅰ类外其他地区	1450	1387	-63

续表

省（区）	资源区	地　　区	保障性收购利用小时数（h）	2020年实际利用小时数（h）	2020年偏差（h）
宁夏	Ⅰ类	宁夏	1500	1390	－110
陕西	Ⅱ类	榆林、延安	1300	1466	166
黑龙江	Ⅱ类	黑龙江	1300	1507	207
吉林	Ⅱ类	吉林	1300	1477	177
辽宁	Ⅱ类	辽宁	1300	1388	88
河北	Ⅱ类	承德、张家口、唐山、秦皇岛	1400	1485	85
山西	Ⅱ类	忻州、朔州、大同	1400	1470	70

数据来源：国家统计局。

6.2.4 发电设备利用小时

2020年6000kW及以上电厂光伏发电设备利用小时为1281h，与上年基本持平，处于历史较低水平。

2012年以来，我国6000kW及以上电厂光伏发电设备利用小时呈“微笑曲线”状。由于太阳能资源和电站运维水平不高等因素影响，利用小时数在2016年下降至近年来最低点，为1129h，随后呈逐年增长态势，但仍未达到2012、2013年水平。2012—2020年6000kW及以上电厂光伏发电设备利用小时数如图6-10所示。

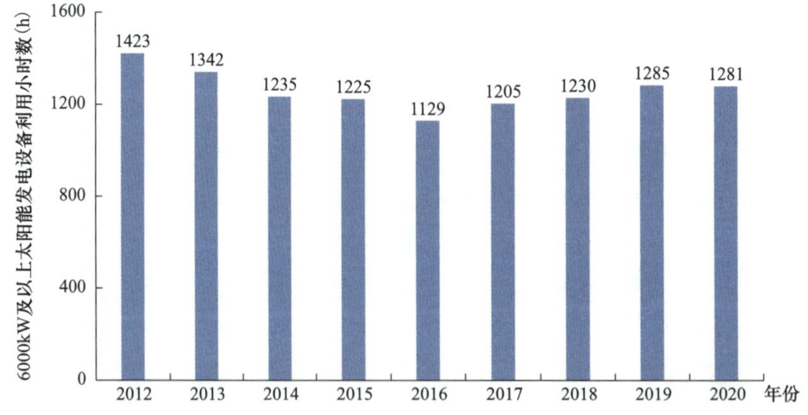

图6-10　2012—2020年6000kW及以上电厂光伏发电设备利用小时数

6.3　光伏发电盈利情况

目前，国内能源集团多依托于设立的新能源发电公司开展可再生能源业务，光伏发电业务盈利状况较难从新能源发电公司全部业务中单独剥离出来。考虑到当前光伏制造企业是整个行业的重要构成之一，且上市公司的数据全面较易获取，故本节从典型企业主要财务指标具体展现光伏发电的盈利情况。本节具体整理了天合光能、隆基股份、协鑫集成、东方日升、阳光电源、科士达等 6 家光伏相关上市企业财务指标，包括毛利率、净利率、总资产收益率、净资产收益率和资产负债率。

2020 年光伏市场需求强劲，总体整体经营情况较好，在这 6 家公司中，仅有协鑫集成出现大幅度亏损，另外 5 家公司经营状况较好。协鑫集成主要财务指标如表 6 - 5 所示，其余 5 家公司主要财务指标如表 6 - 6 所示。

表 6 - 5　　2010—2020 年协鑫集成主要财务指标　　单位：%

指标	2010 年	2011 年	2012 年	2013 年	2014 年	2015 年	2016 年	2017 年	2018 年	2019 年	2020 年
毛利率	18.9	18.7	－30.0	7.9	12.0	15.4	13.3	11.9	13.1	10.0	9.3
净利率	8.2	－1.7	－106.5	－843.8	99.4	10.2	－0.3	0.3	0.5	0.8	－44.1
净资产收益率	7.2	－1.9	－144.9	—	827.9	17.8	－0.8	0.9	1.3	1.3	－62.9
总资产净利率	7.7	－1.0	－24.0	－70.0	57.2	7.1	－0.2	0.2	0.3	0.4	－17.6
资产负债率	31.3	56.4	84.6	104.4	89.6	75.8	79.4	79.3	77.2	72.3	68.7

表 6 - 6　　2010—2020 年 5 家典型光伏相关上市公司主要财务指标　　单位：%

指标	2010 年	2011 年	2012 年	2013 年	2014 年	2015 年	2016 年	2017 年	2018 年	2019 年	2020 年
毛利率	31.0	25.9	10.8	19.5	21.0	23.1	23.6	23.1	20.6	22.8	22.9
净利率	16.6	8.8	－28.6	－163.5	26.1	10.0	8.7	9.2	5.5	7.8	8.9
净资产收益率	18.7	7.6	－32.1	6.0	172.3	13.2	10.5	11.8	7.4	10.0	13.4

续表

指标	2010年	2011年	2012年	2013年	2014年	2015年	2016年	2017年	2018年	2019年	2020年
总资产净利率	16.2	5.5	-5.8	-10.8	15.7	7.3	6.4	6.7	3.6	5.2	6.2
资产负债率	34.3	38.4	45.6	53.6	54.1	54.3	56.8	59.5	56.5	58.4	58.7

2020年协鑫集成出现较大幅度亏损，毛利率为9.3%，净利率为-44.1%，净资产收益率为-62.9%，总资产收益率为-17.6%，资产负债率为68.7%。主要盈利指标均环比下降，毛利率、净利率、净资产收益率和总资产收益率四项指标均同比降低至2014年以来最低水平，其中，净利率、净资产收益率和总资产收益率三项指标2017年以来首次负增长。

2020年，除协鑫集成外的5家光伏上市公司毛利率为22.9%，净利率为8.9%，净资产收益率为13.4%，总资产收益率为6.2%，资产负债率为58.7%。主要盈利指标均环比增加，毛利率、净利率、净资产收益率和总资产收益率四项指标均同比增长至2018年以来最高水平。光伏发电企业资产负债率在各电源类型中处于较低水平，财务杠杆相对较低，近3年来光伏上市公司资产负债率指标保持相对稳定，盈利能力稳步提升。

协鑫集成出现亏损的原因主要在于：一是外部环境影响。受到新冠疫情的影响，欧洲、北美、印度等主要光伏市场受到较大程度冲击。同时，由于供应链管理方面缺乏优势，2020年下半年原材料硅片及电池片价格持续上涨，组件生产成本攀升，组件毛利率大幅下降。二是光伏行业内部发生重大变革。大尺寸组件成为市场主流需求，协鑫集成原有M2（156.75）、G1（158.75）组件产能市场需求下降，影响组件出货量，也使得老旧产能淘汰及对应的固定资产减值有所提速。

6.4 光伏发电发展前景展望

（1）投资趋势。未来三年，我国光伏投资仍将呈快速增长态势。主要原

因如下：①2020 年我国提出“双碳”目标，并明确在碳达峰期间非石化能源占一次能源消费比重将达到 25%左右，2021 年又进一步明确了将构建以新能源为主体的新型电力系统。在“双碳”目标下，我国及各地方政府陆续出台一系列鼓励和扶持光伏发电项目建设的举措，尤其是全国范围内“整县推进”分布式光伏建设，为我国光伏投资提供了政策保障，明确了投资方向，光伏发展迎来新机遇，开发潜力巨大。②虽然 2020 年是我国光伏电站和工商业分布式光伏享受国补的最后一年，且光伏增值税优惠政策于 2020 年到期，但分布式光伏仍能享受国家补贴，同时国家加大了对光伏行业的金融支持力度，我国光伏投资，尤其是分布式光伏投资仍有资金保障。③2021 年新备案的集中式和工商业分布式光伏项目上网电价执行当地燃煤发电基准价。相较于之前的通过竞争性方式形成具体上网电价，直接执行当地燃煤发电基准价，释放出了清晰强烈的价格信号，更有利于提高光伏项目收益，调动各方面投资积极性。④近年来，随着投资环境持续改善、各组件技术不断发展，光伏投资成本持续下降，仍具有较大的盈利空间。

（2）供应形势。未来三年，我国光伏发电装机容量占比和发电量占比仍将继续大幅提升，2021 年预计新增装机容量保持较快增长，但增幅不及 2020 年。主要原因如下：①2020 年约有 800 万 kW 光伏竞价转平价上网项目于 2021 年底并网。2019 及 2020 年平价递延项目有 3200 万～4000 万 kW 在 2021 年底前并网。根据 2021 年补贴总额和补贴标准进行测算，2021 年户用分布式光伏项目装机将达到 1600 万 kW 左右，预计 2021 年我国光伏新增装机规模在 5600 万～6400 万 kW，增长 22%～25%。②2021 年上半年，受上游硅料供应紧张以及中下游硅片、组件端产能扩张较快导致的上下游结构性供需失衡影响，光伏产业链中下游价格大幅上涨，这将拉低光伏装机量。若组件继续保持高价，装机容量将会进一步下降，2021 年光伏增长幅度将不及预期。③长期来看，预计硅料供应紧张的局面会在 2022 年缓解，随后硅料供应会超过终端需求，同时“双碳”目标下光伏等新能源发展政策环境预期将持续向好，金融支持力度加大，这都将会在未来新增装机容量上体现。发电设备利用小时预计相对平稳。

（3）盈利状况。未来三年，光伏发电盈利能力将稳步提升，保持较高盈利水平。主要原因如下：①国家发改委明确 2021 年新建项目不再通过竞争性方式形成具体上网电价，直接执行当地燃煤发电基准价。根据发改委测算，在执行各地燃煤发电基准价的情况下，2021 年新建光伏全生命周期全国平均收益率处于较好水平，资源条件好的省份的新建项目、技术和效率领先的新建项目能够实现更高的收益。②作为可再生能源的主要电源形式，资本市场目前对光伏产业的关注力度空前，在政策和资本市场加持下，光伏盈利能力有望进一步提升。③光伏技术不断升级，助力光伏单位造价水平持续降低，光伏发电有较大盈利空间。预计 2021—2022 年光伏发电盈利能力将保持稳步增长态势。

（4）综合展望。未来三年，光伏发电投资保持较快增长；光伏发电供应水平将继续较大幅度提升；光伏单位造价水平持续下降，光伏发电投资盈利空间较大。“双碳”目标下，光伏发电经营环境将得到进一步改善，虽然疫情及全球供应链紧张等不利影响仍然存在，但总体向好发展的基本面不会改变。

第 7 章

电网投资及发展形势分析

我国电网行业高度集中，国家电网和南方电网占据了绝大部分份额，故本章分析中，电网供应情况和电网盈利情况的部分指标选取国家电网公司和南方电网公司两大重点企业数据进行分析。本章电网投资规模数据口径仅包括电网基建投资完成额，不含电网企业技改、小型基建和其他非管制业务投资。

7.1 电网投资情况

7.1.1 投资规模

2020年我国电网投资达到4699亿元，受疫情防控、电量增速放缓等因素影响，整体下降6.2%。总体看来，近十年，“十三五”期间电网投资规模高于“十二五”期间电网投资规模，在2016年电网投资规模达到历史最高后，“十三五”期间改变了过去持续增长的趋势，在调整中稳步下降，呈现出倒V形的发展趋势。这反映出自2016年输配电价改革全面推进以来，政府对电网投资监管和成本监审不断加强，电网企业正逐步适应输配电价改革要求，在输配电价不断下降的政策压力下，更加注重电网投资与电量增长的协调发展。2010—2020年我国电网投资规模如图7-1所示。

图7-1　2010—2020年我国电网投资规模

2010—2020 年我国电网新增建设规模如图 7-2 所示。

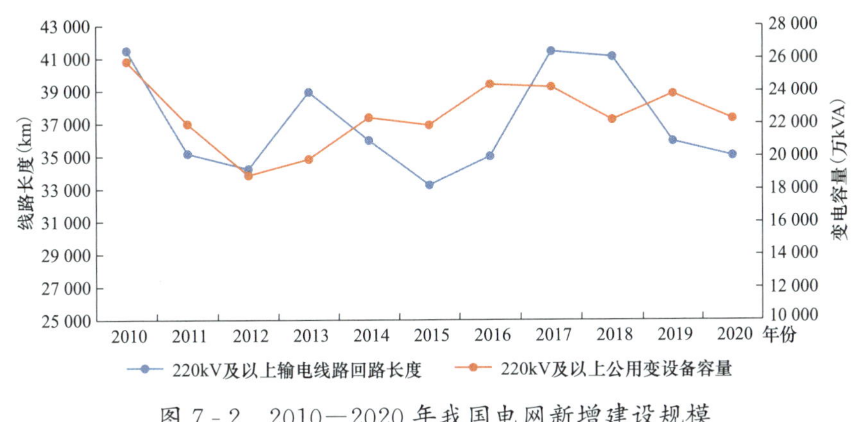

图 7-2　2010—2020 年我国电网新增建设规模

从电网新增规模结构来看，2020 年 220kV 及以上公用变设备容量同比下降 6.4%，220kV 及以上输电线路长度同比下降 2.5%，受电网投资规模整体下降影响，220kV 及以上输电线路和公用变设备容量新增建设规模均呈现下降趋势；从近年发展来看，输电线路近 10 年波动性较公用变设备更为明显，新增公用变设备规模总体水平相对平稳。

7.1.2　投资结构

从 2010—2020 年新增线路长度主要规模结构发展来看，110kV（含 66kV）线路长度规模相对保持最大，近 10 年总体规模持续下降；220kV 线路规模居中，整体保持平稳，2020 年新建规模略有下降；500kV 线路规模在 2020 年电网投资规模下降的背景下实现了较为明显的增长，反映了电网投资结构中更加注重远距离的超高压输电线路网架建设。2010—2020 年新增线路长度主要规模结构及发展如图 7-3 所示。

从 2010—2020 年新增变电容量主要规模结构发展来看，主要电压等级的变电容量规模发展出现分化，500kV 新增变电容量发展总体呈增长趋势，占比逐步增加，但 2020 年新增变电容量呈现下降趋势，与新增线路长度增长趋势有较大不同；220kV 新增变电容量规模发展总体呈下降趋势，但 2020 年实现小幅增长；110kV 新增变电容量规模发展相对稳定。2010—

2020 年新增变电容量主要规模结构及发展如图 7-4 所示。

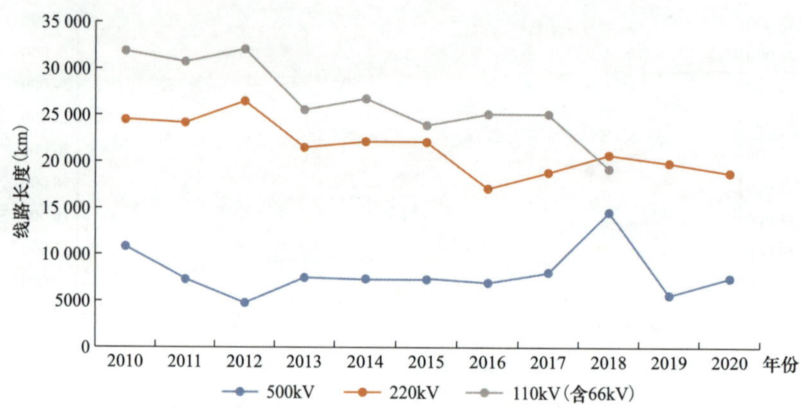

图 7-3　2010—2020 年新增线路长度主要规模结构及发展

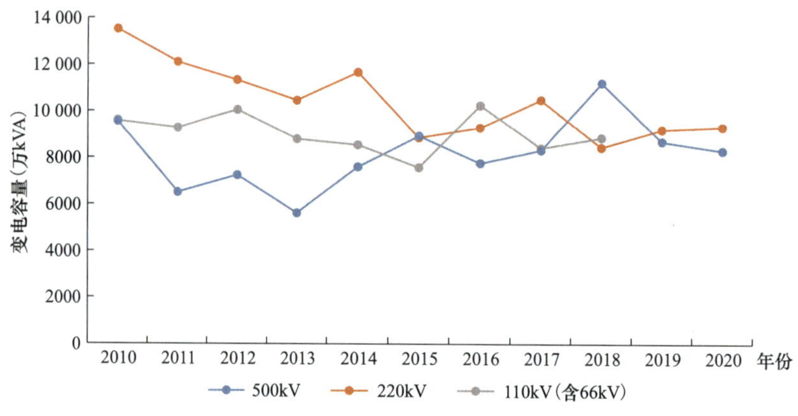

图 7-4　2010—2020 年新增变电容量主要规模结构及发展

7.1.3　投资环境

2020 年一季度我国社会经济形发展受到新冠疫情影响遭到重创，随后经济运行逐季改善，在全球主要经济体中唯一实现经济正增长，脱贫攻坚战取得全面胜利，决胜全面建成小康社会取得决定性成就。从能源电力行业来看，“双碳”目标被明确提出，电力行业构建以新能源为主体的新型电力系统成为当前重中之重的工作。在电网领域，电力体制改革深入推进，输配电价监管体系基本完善，第二监管周期输配电价完成核定，效率和效益成为电网投资的重要目标，电网行业逐渐步入高质量发展阶段。电网投资所面临的

环境具体说明如下：

一是疫情后电网企业仍然肩负“稳投资”等社会责任。随着疫情向全球蔓延，以及变异新冠病毒传播，疫情防控逐渐转为常态化工作，为维护社会稳定和经济发展大局，“稳投资”成为当前的一项重要工作。电网企业作为关系到国民经济命脉的重要骨干企业，肩负着服务经济社会发展等重大社会责任。在疫情后，国家电网公司和南方电网公司积极响应中央要求，全力稳投资，带动产业链上下游企业发展。

二是第二轮输配电价核定价格普遍降低。从 2020—2022 年第二轮省级电网输配电价核定来看，33 个省级电网中 24 个明显降低，最大降幅达到 0.107 2 元/kWh；南方区域内，广东、广西、贵州输配电价下降，海南、深圳输配电价维持不变。在输配电价下调的大趋势下，输配电业务未来较长时间或将处于盈亏平衡状态，电网企业传统依靠投资驱动发展的经营模式难以为继，亟须转型。

三是构建以新能源为主体的新型电力系统对电网投资提出了新的长远要求。未来，随着分布式电源、储能、电动汽车等大量接入，电网优化资源配置平台的作用更加突出，并逐步向“主干电网+中小型电网及微型电网”柔性互联形态发展。我国电网当前的技术装备水平距离该要求还有非常大的差距，未来必然将逐步向远景目标有序发展，新型电力系统建设中电网侧的投资需求无疑将非常旺盛，相应的投资成本回收机制有待完善和疏导，当前输配电价机制也需要随之进行调整和适应。

7.2 电网供应情况

7.2.1 供电可靠率

2020 年全国供电可靠率达到 99.865%，同比提高 0.022 个百分点，全国用户平均停电时间 11.87h/户，同比减少 1.85h/户；近 4 年全国供电可靠率稳步提升，平均停电时间逐步下降。2010—2020 年全国供电可靠率和平均停电时间如图 7-5 所示。

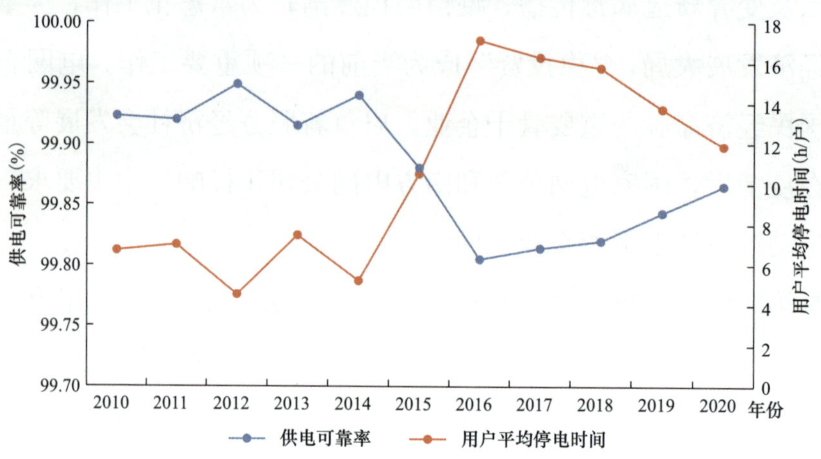

图 7-5　2010—2020 年全国供电可靠率和平均停电时间

7.2.2　平均线损率

2020 年全国平均线损率为 5.62%，同比下降 0.31 个百分点；2013 年以来全国平均线损率连续 6 年持续下降，反映降低能量损耗越来越得到各能源企业重视，电网企业的绿色节能水平不断提高。2010—2020 年全国平均线损率如图 7-6 所示。

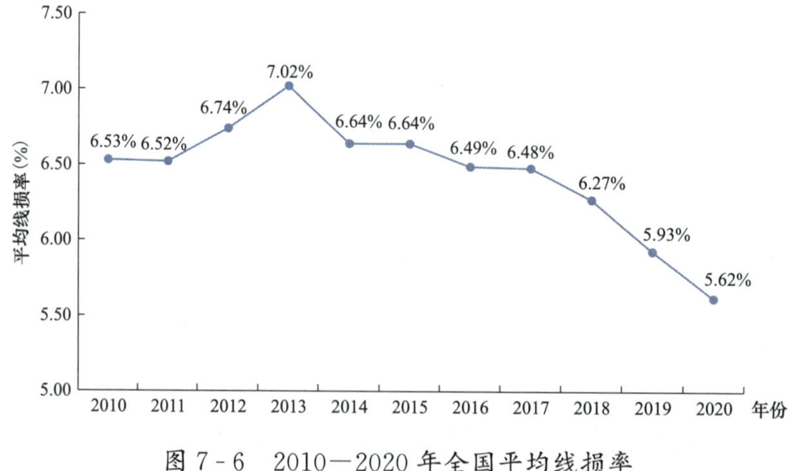

图 7-6　2010—2020 年全国平均线损率

7.2.3 售电量

电网售电量选取国家电网和南方电网两大重点企业数据进行分析，2020 年两网售电量合计 56 851 亿 kWh，其中国家电网售电量占比 81%，南方电网占比 19%；在疫情防控不利因素的影响下，售电量仍同比增长 3.2%，其中国家电网增长 2.8%，南方电网增长 5.2%。在宏观经济运行总体平稳、服务业和高新技术及装备制造业较快发展、电能替代快速推广、城农网改造升级释放电力需求等因素综合影响下，近年来除 2014 年和 2015 年以外，电网企业售电量总体呈持续增长趋势。2010—2020 年国家电网和南方电网售电量及增速如图 7-7 和图 7-8 所示。

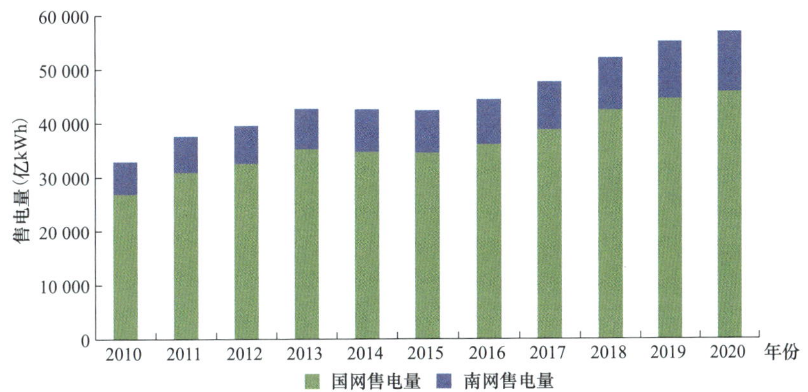

图 7-7 2010—2020 年国家电网与南方电网售电量

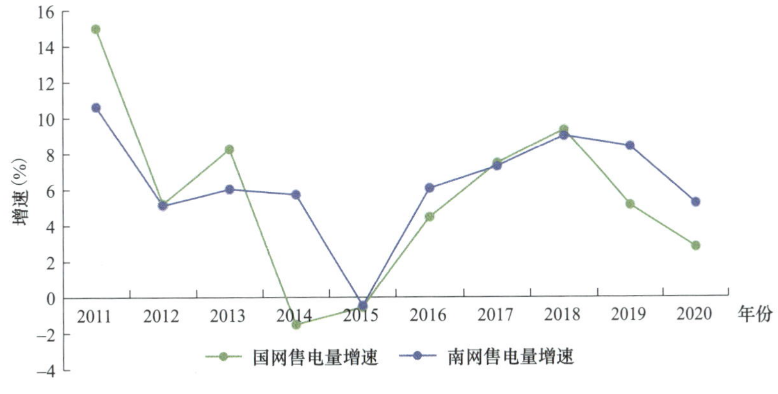

图 7-8 2010—2020 年国家电网与南方电网售电量增速

7.3 电网盈利情况

7.3.1 资产总额

2020年国家电网和南方电网资产总额合计53 756亿元，同比增长5.6%，其中国家电网增长4.8%、南方电网增长9.4%；近10年来，国家电网和南方电网资产总额呈稳定增长趋势，2018年以来，南方电网资产总额增速开始超过国家电网。2010—2020年国家电网和南方电网资产总额及增速如图7-9和图7-10所示。

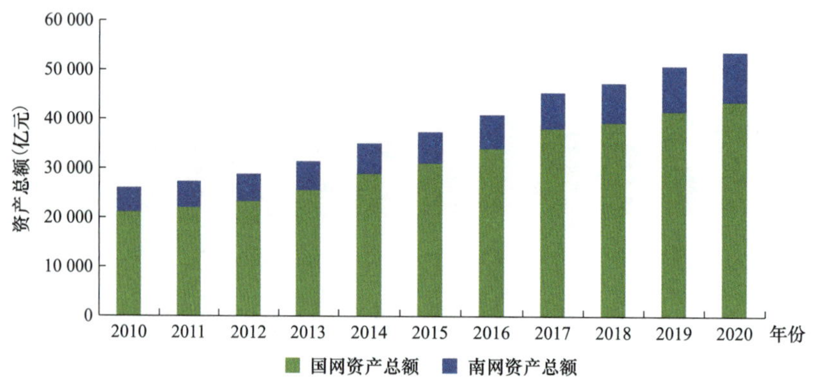

图7-9 2010—2020年国家电网与南方电网资产总额

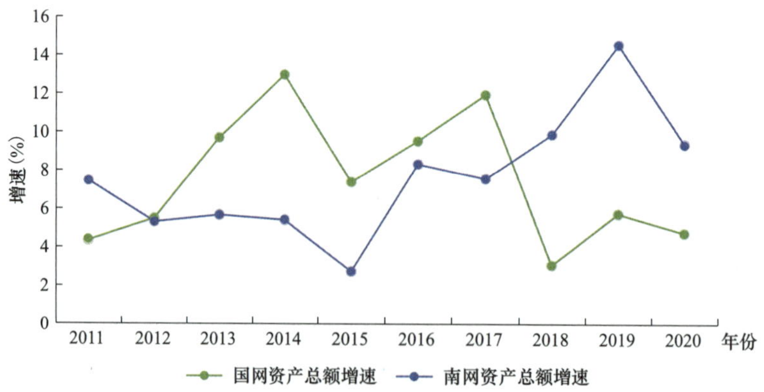

图7-10 2010—2020年国家电网与南方电网资产总额增速

7.3.2　营业收入

2020 年国家电网和南方电网营业收入合计 32 395 亿元，同比增长 0.7%，其中国家电网增长 0.3%、南方电网增长 2.3%。近年来，国家电网和南方电网营业收入除 2015 年以外呈稳定增长趋势。2010—2020 年国家电网和南方电网营业收入及增速如图 7 - 11 和图 7 - 12 所示。

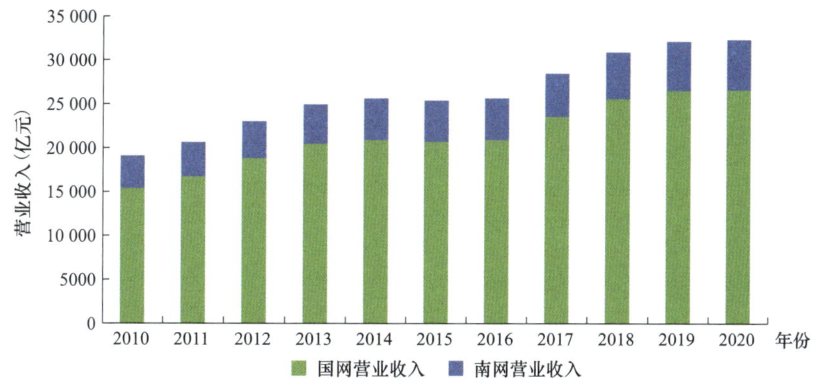

图 7 - 11　2010—2020 年国家电网和南方电网营业收入

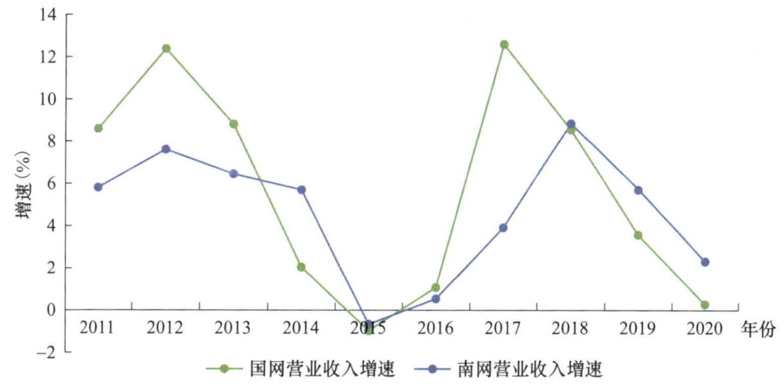

图 7 - 12　2010—2020 年国家电网和南方电网营业收入增速

7.3.3　利润总额与净资产收益率

2020 年国家电网和南方电网利润总额合计 702 亿元，大幅下降 26%，其中国家电网降低 24%，南方电网降低 38%，主要受到疫情降电价让利实体经济的影响。2017 年之前，国家电网和南方电网利润总额总体呈持续增长趋势，近两年相对呈下降趋势。2010—2020年国家电网和南方电网利润总额如图7-13所示。

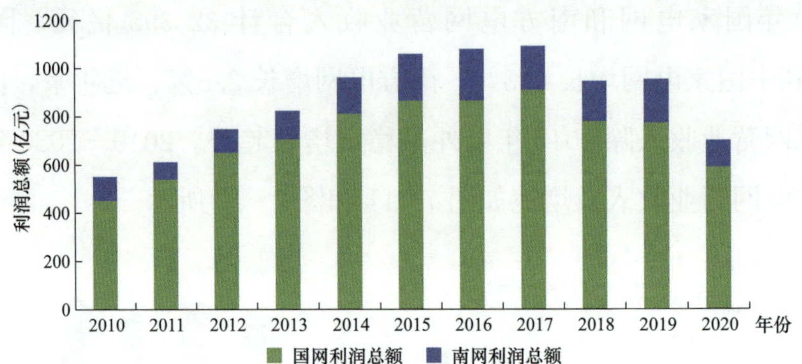

图7-13　2010—2020年国家电网和南方电网利润总额

2020年国家电网和南方电网净资产收益率均为2%，较上年大幅下降。从近10年发展来看，南方电网净资产收益率在2014年开始超过国家电网，两者差距近两年开始逐渐减小。随着输配电价改革不断深入推进，电网行业净资产收益率整体呈持续下降趋势。2010—2020年国家电网和南方电网净资产收益率如图7-14所示。

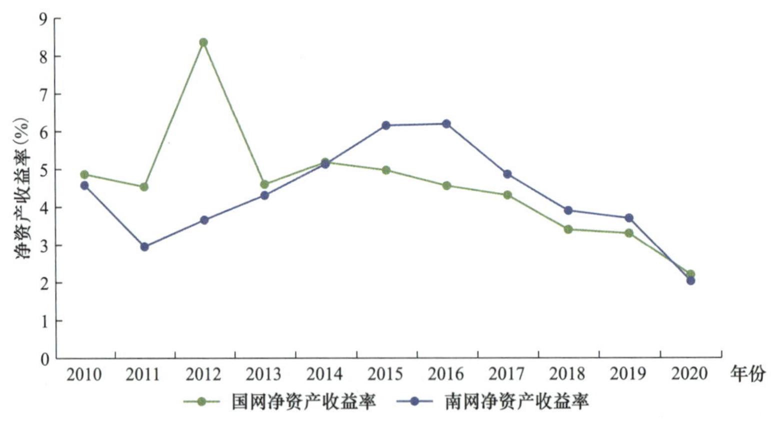

图7-14　2010—2020年国家电网和南方电网净资产收益率

7.4　电网发展前景展望

（1）投资趋势。未来三年，电网投资将稳步增长，保持在5000亿元左

右的较高水平。主要原因如下：①在“双碳”目标约束下，为构建以新能源为主体的新型电力系统，电网装备面临着数字化、柔性化等转型，电网投资需求依然旺盛；②在经济增速趋缓的新常态下，叠加疫情常态化防控影响，电网企业“稳投资”对于带动产业链发展，缓解企业上下游经营压力，稳定社会经济预期等意义重大；③第二轮输配电价核定价格普遍降低，相应核定的投资规模也普遍低于预期，在电量增长放缓的形势下，电网企业投资能力受到了一定限制。预计 2021 年电网投资同比上涨幅度约 3%，2022 年电网投资逐步趋于稳定，仍保持在 5000 亿元左右的较高水平。

（2）供应形势。未来三年，电网供电能力总体呈现持续增强趋势。主要原因如下：①随着融入和服务新时代西部大开发、乡村振兴、新型城镇化、“一带一路”建设和粤港澳大湾区建设，电网企业肩负的社会责任重大，将不断提高电网装备水平，持续完善网架结构，保障人民美好生活的用电需求；②电网供电可靠率、售电量等供应能力近年来持续增强，平均线损率持续探底，在 2020 年存在较多不利因素的影响下，多项指标均实现明显增长。

（3）盈利状况。未来三年，电网盈利状况总体将保持当前较低的盈利水平。主要原因如下：①2020 年国家发改委核定的第二轮输配电价格普遍降低，33 个省级电网中 21 个明显降低；②电网企业管制业务内外部投资需求旺盛，“十四五”期间电网投资仍将保持较高的投资水平，拉低经济效益；③电网企业非管制业务逐步发展，成为电网企业经济效益的主要贡献来源，但短期内非管制业务核心竞争力和市场开拓能力均有待进一步提升。综合分析，预计 2021 年主要电网企业净资产收益率将略有提升，2022 年仍将保持在 3%左右的低位水平。

（4）综合展望。未来三年电网投资将持续保持当前 5000 亿元左右的较高投资水平，2021 年电网投资将小幅上涨，2022 年电网投资规模持续稳定；电网供电能力持续增强，电网企业盈利状况总体仍将保持当前较低的盈利水平，2021 年主要电网企业净资产收益率将略有提升，2022 年仍将维持在 3%左右的低位水平。

第8章

电价分析

电价的形成机制和变化规律，对于指导各类电源投资以及电网投资是不可或缺的。本章重点关注上网电价、输配电价、销售电价水平与变化趋势，电力市场化交易价格，电价政策等。

8.1 上网电价

8.1.1 煤电上网电价

2020年全国煤电基准价平均为0.366 4元/kWh，比2019年的价格水平降低0.008 0元/kWh，具体如图8-1所示。

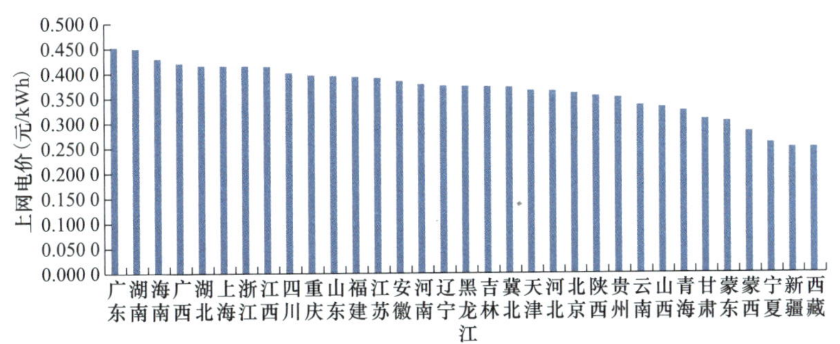

图8-1　2020年煤电基准价

分省份来看，最高为广东0.453 0元/kWh，最低为新疆、西藏0.250 0元/kWh，前者为后者的1.8倍。在部分区域内部，省份间价格存在分化，比如南方区域的广东、海南、广西煤电基准价在全国排名第一、第三、第四，而同属南方区域的贵州、云南在全国排名倒数十名之内，主要原因是南方区域东部省份煤炭价格较高，贵州、云南的价格较低。

2020年起，煤电实行“基准价＋上下浮动”的市场化机制，其中2020年煤电价格暂不上浮，以确保工商业平均电价只降不升。随着近年煤炭价格上涨，煤电发电成本不断攀升，而煤电上网电价却持续走低，煤电矛盾突出。特别是进入2021年以来，煤电发电收入难以覆盖边际成本，发电企业经营困难、生产积极性不高，一定程度上加剧了广东等多地的电力短缺。国家发改委在2021年7月下发的《关于做好2021年能源迎峰度夏工作的通知》（发改运行〔2021〕1058号）中专门提出，要“加大监管和惩处力度，避免出现煤价上涨导致临时检修和出力受阻的情况”。随着煤电价格浮动机制不断完善，煤电上网电价将更为真实、准确地反映电力成本和供需情况。

8.1.2　气电上网电价

2014年12月，国家发改委发布《关于规范天然气发电上网电价管理有关问题的通知》（发改价格〔2014〕3009号），对热电联产、调峰、分布式三种不同类型的天然气发电机组实行差别化上网电价政策；同时，对天然气发电价格管理实行省级负责制，各地天然气发电上网电价具体管理办法由省级政府价格主管部门综合考虑天然气发电成本、社会效益和用户承受能力确定。由于各地区经济发展、资源禀赋的差异，以及天然气成本高、对外依存度大等条件限制，目前全国只有12个省（直辖市）拥有天然气发电机组，并出台了配套电价政策。其中，上海、浙江，江苏、河南执行两部制电价，其余地区执行单一制电价。

2020年全国天然气发电上网电价平均为0.659 1元/kWh，比2019年的价格水平降低0.026 2元/kWh。最高为上海0.787 0元/kWh，最低为河南0.555 2元/kWh，具体如图8-2所示。

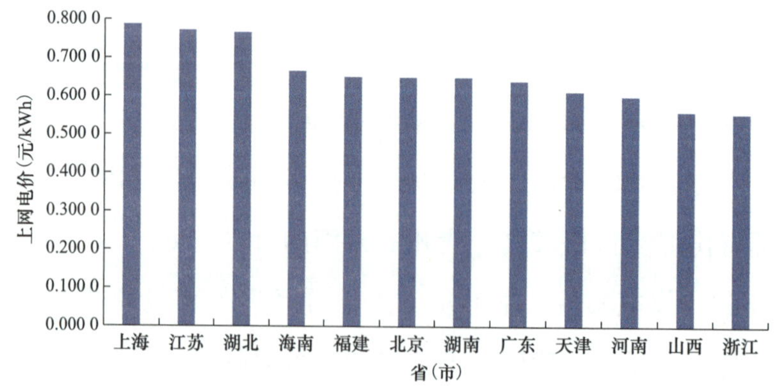

图8-2　2020年天然气发电上网电价

注：1. 上海、浙江、江苏、河南执行两部制电价，图中展示的为电量电价。

2. 热电联产、调峰、分布式等多种价格类型并存时，取最高价格。

上海、江苏、湖北电价水平处于全国前三，且上海、江苏均是执行两部制电价的区域，浙江、山西、河南电价水平处于全国倒数前三。

与2019年相比，2020年大多数地区天然气发电上网电价维持不变，部分地区做出一定调整。广东整体下调了上网电价，并且根据机组类型和利用小时数进行了细分。天津、山西的上网电价有一定下调。浙江保持容量电价不变，整体下调了电量电价，并且根据机组类型进行了细分。

8.1.3 水电上网电价

我国的水电上网电价呈现为经营期电价，省内标杆电价，以及受电区倒推电价三种模式。2014年2月1日以前投产的水电站，采用经营期电价；对于2月1日以后新投产的水电站，跨省跨区域交易价格由供需双方协商确定，省内上网电价实行标杆电价制度；2015年5月，推出了由受电区煤电上网电价和输电价格倒推确定水电上网电价的机制，向家坝、溪洛渡和雅砻江梯级水电站为首批适用倒推电价机制的水电站。

云南、四川和湖北这三个省份水电装机容量大、水电价格政策具有典型意义，2020年水电平均上网电价分别为0.267 4、0.337 3、0.368 8元/kWh，同2019年相比没有变化。

(1) 云南水电上网电价。2020年云南水电标杆上网电价如表8-1所示。

表8-1　2020年云南水电标杆上网电价　单位：元/kWh

水电站	水电上网电价	煤电基准价	差异值
鲁地拉水电站	0.302 3	0.335 8	0.033 5
金安桥等3个水电站	0.279 4		0.056 4
龙江等11个水电站	0.260 8		0.075 0
其余中小水电站	0.227 0		0.108 8

注　差异值=煤电电价－水电电价。

云南并未制定全省统一的水电标杆上网电价，而是依据水电站规模、流域梯度等因素分类制定电价，最高为0.302 3元/kWh，最低为0.227 0元/kWh，同2019年相比没有变化。水电价格平均比煤电低20.4%，这一价差幅度比四川、湖北等水电大省分别高出4.5、8.4个百分点。

（2）四川水电上网电价。2020年四川水电标杆上网电价如表8-2所示。

表8-2　2020年四川水电标杆上网电价　单位：元/kWh

调节能力	水电标杆上网电价	煤电基准价	差异值
年调节和多年调节	0.376 6	0.401 2	0.024 6
季调节	0.338 0		0.063 2
径流式	0.297 4		0.103 8

注　差异值=煤电电价−水电电价。

四川水电标杆上网电价依据调节能力分类制定，调节能力越高的水电站电价越高，最高为0.376 6元/kWh，最低为0.297 4元/kWh，相邻调节能力等级水电站电价相差约0.04元/kWh，同2019年相比没有变化。水电价格平均比煤电低15.9%。

（3）湖北水电上网电价。2020年湖北水电标杆上网电价如表8-3所示。

表8-3　2020年湖北水电标杆上网电价　单位：元/kWh

水电站	上网电价	煤电基准价	差异值
高坝洲等2个水电站	0.400 3	0.416 1	0.015 8
龙背湾	0.396 0		0.020 1
水布垭等2个水电站	0.381 5		0.034 6
鄂坪	0.373 8		0.042 3
崔家营等6个水电站	0.367 0		0.049 1
寺坪等2个水电站	0.354 5		0.061 6
陡岭子等3个水电站	0.347 7		0.068 4
纳吉滩	0.329 3		0.086 8

注　差异值=煤电电价−水电电价。

同云南类似，湖北并未制定全省统一的水电标杆上网电价，最高为 0.400 3 元/kWh，最低为 0.329 3 元/kWh，同 2019 年相比没有变化。水电价格平均比煤电低 12.0%。

8.1.4　核电上网电价

2020 年底全国共有在运 48 台核电机组，比 2019 年增加一台机组，新投运的是位于江苏的“田湾 - 5”机组；平均上网电价 0.408 6 元/kWh，具体情况如图 8 - 3 和图 8 - 4 所示。

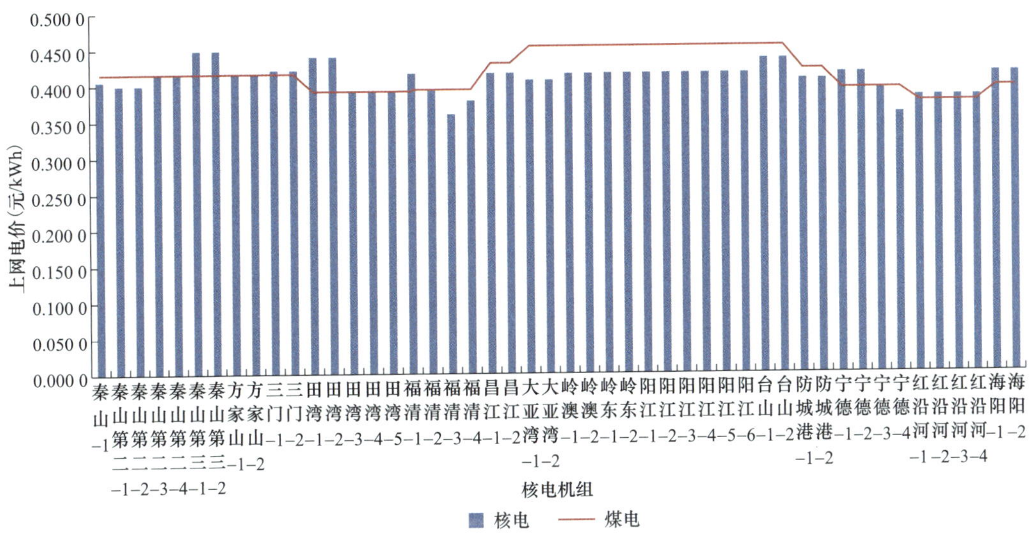

图 8 - 3　2020 年核电上网电价（分机组）、当地煤电基准价

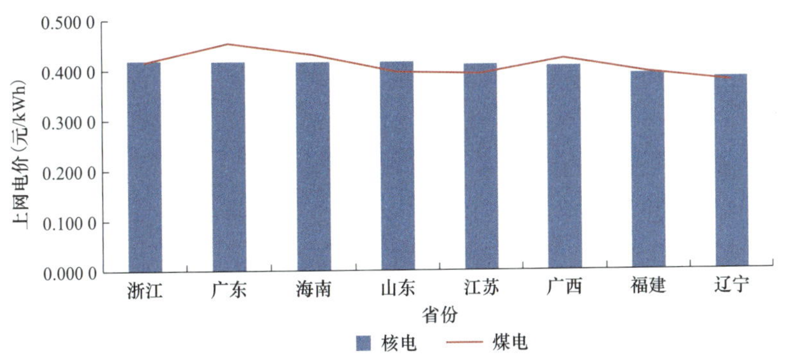

图 8 - 4　2020 年核电标杆上网电价（分省份）、当地煤电基准价

分机组来看，各核电机组上网电价基本上分布在0.42元/kWh的标杆电价上下；秦山第三核电站机组最高，为0.4481元/kWh；福清、宁德核电站机组最低，为0.3590元/kWh。

分省份来看，最高为广东0.4166元/kWh，最低为辽宁0.3823元/kWh。浙江、山东、江苏、辽宁等四个省份核电价格高于煤电，价差最大为山东0.0202元/kWh，价差最小为辽宁0.0074元/kWh；其余省份核电价格均低于煤电，其中价差最大为广东0.0364元/kWh，价差最小为福建0.0026元/kWh。

8.1.5 风电上网电价

随着补贴政策变化，陆上风电上网电价经历了不断下调的过程，具体如图8-5所示。

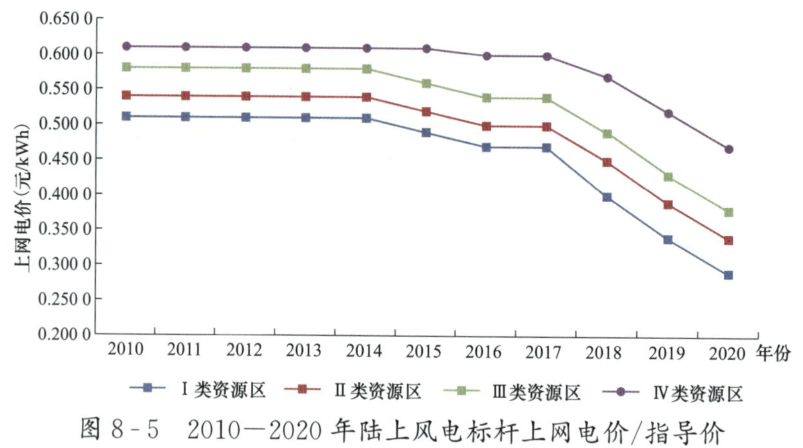

图8-5 2010—2020年陆上风电标杆上网电价/指导价

以Ⅰ类资源区为例，上网电价从2010年的0.51元/kWh下降至2020年的0.29元/kWh，降幅达到43.1%。

8.1.6 光伏发电上网电价

随着补贴政策变化，光伏发电上网电价经历了不断下调的过程，具体如图8-6所示。

以Ⅰ类资源区为例，上网电价从2011年的0.90元/kWh下降至2020年的0.35元/kWh，降幅达到66.7%。

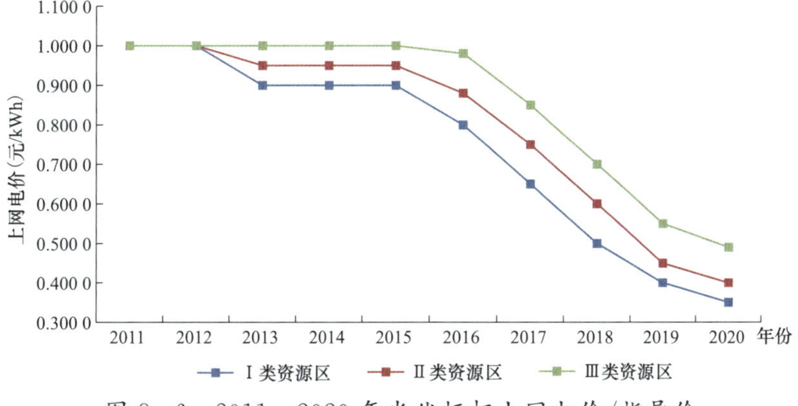

图 8-6　2011—2020 年光伏标杆上网电价/指导价

8.2　输配电价

2020 年 9 月 30 日，国家发改委发布经核定的第二监管周期（即 2020—2022 年）省级电网输配电价（发改价格规〔2020〕1508 号），于 2021 年 1 月 1 日起执行。2020 年由于尚未执行第二监管周期输配电价，输配电价保持不变。

8.2.1　大工业输配电价

2020 年大工业输配电价如图 8-7 和图 8-8 所示。

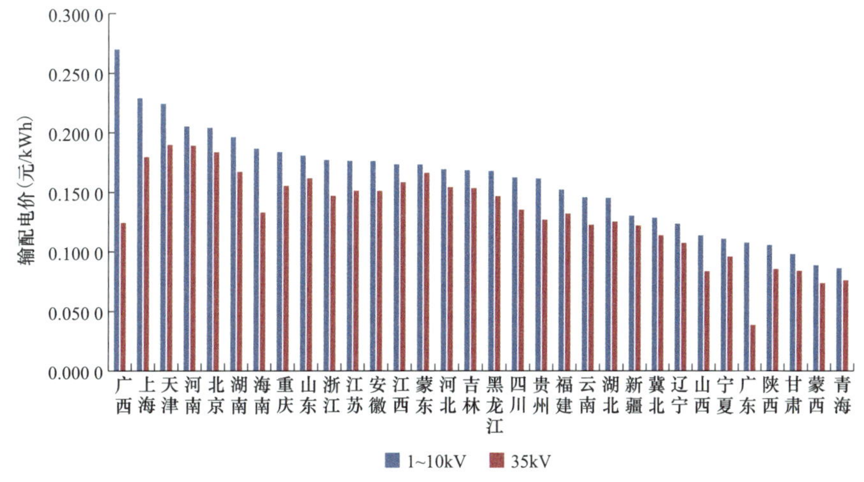

图 8-7　2020 年 1～10kV、35kV 大工业输配电价

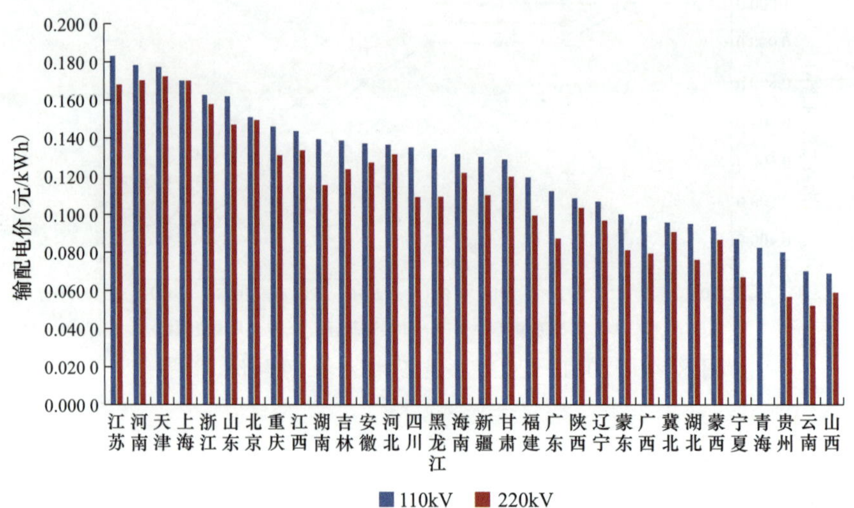

图 8-8　2020 年 110、220kV 大工业输配电价

分省份来看，10kV 电压等级输配电价广西最高，青海最低；35kV 天津最高，广东最低；110kV 天津最高，山西最低；220kV 天津最高，云南最低。

8.2.2　一般工商业输配电价

2020 年一般工商业输配电价如图 8-9 所示。

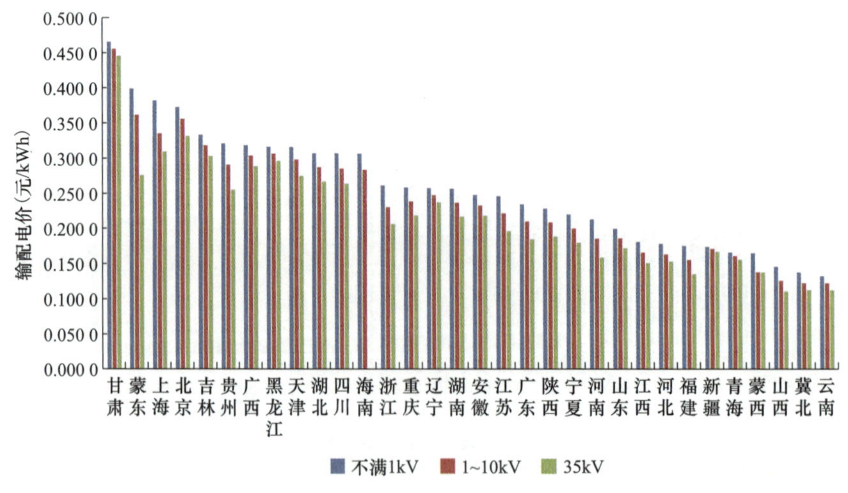

图 8-9　2020 年一般工商业输配电价

分省份来看，各电压等级输配电价格均是甘肃最高，不满1kV、1～10kV电压等级输配电价云南最低，35kV山西最低。随着电压等级升高，输配电价降低，相邻电压等级输配电价相差10％～25％。

8.2.3 第二监管周期变化趋势

(1) 输配电价普遍降低。广东等24个省级电网的输配电价降低，甘肃平均降幅最大，达到0.107 2元/kWh；北京、河北、冀北、蒙东输配电价升高，北京平均涨幅最大，达到0.019 3元/kWh；湖南、海南、江西、黑龙江输配电价保持不变。

(2) 不同地区输配电价电压级差出现分化。以大工业电价220kV和1～10kV间的电压级差为代表，浙江等13个省级电网电压级差扩大，包含广东、江苏、浙江、山东、河南等用电大省，广东涨幅最大，达到0.036 2元/kWh；甘肃等7个省级电网电压级差缩小，云南降幅最大，达到0.032 4元/kWh；海南等12个省级电网电压级差保持不变。

(3) 省内输配电价体系简化统一。陕西榆林地区输配电价格不再单独列示，实现了陕西省内输配电价体系的统一，也为后续陕西地方电网整合埋下伏笔。广东（除深圳）此前输配电价多达5个价区，在第二监管周期核定了统一的输配电价，为理顺电力市场价格机制奠定了良好基础。广西不再为电解铝等高耗能产业单独制定优惠的输配电价。

(4) 首次统一了电价周期。第一监管周期采用分步试点的方式，2014年深圳率先起步，至2017年完成所有省级电网（除西藏）输配电价核定，共分三批推进，用时近4年。第二监管周期一次性全面核定了32个省级电网输配电价，全国电价周期首次实现同步变动。

(5) 完善电力市场交易价格基础。明确了区域电网容量电价通过省级电网输配电价回收，简化了区域电力交易的价格结构。原则性指定了电网调峰等辅助服务的资金来源，为进一步建设完善电力现货市场打好了基础。

8.3 销售电价

8.3.1 一般工商业销售电价

2020年各省一般工商业销售电价水平如图8-10所示。

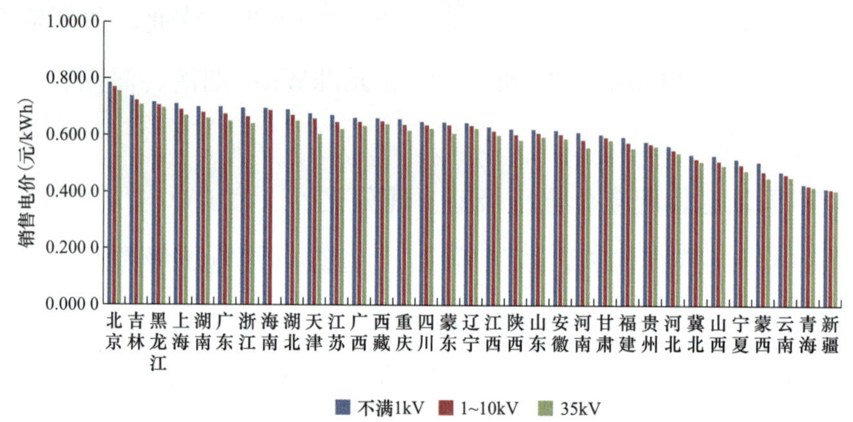

图8-10 2020年各省一般工商业销售电价水平

分省份来看，各电压等级销售电价均是北京最高，新疆最低。分电压等级销售电价价差方面，随着电压等级升高，销售电价略微降低，相邻电压等级销售电价相差低于5%。

为支持企业复工复产，自2020年2月至2020年底，电网企业在计收除高耗能行业以外用户电费时，统一按原到户电价水平的95%结算。

8.3.2 居民电价

2020年居民电价平均为0.514 4元/kWh，与2019年持平，如图8-11所示。

分省份看，青海居民电价最低，为0.377 1元/kWh。广东居民电价平均为0.622 5元/kWh，仅次于上海的0.641 0元/kWh。在广东省内，汕头、汕尾、肇庆、潮州、揭阳、云浮等6市居民电价最高，为0.670 2元/kWh，

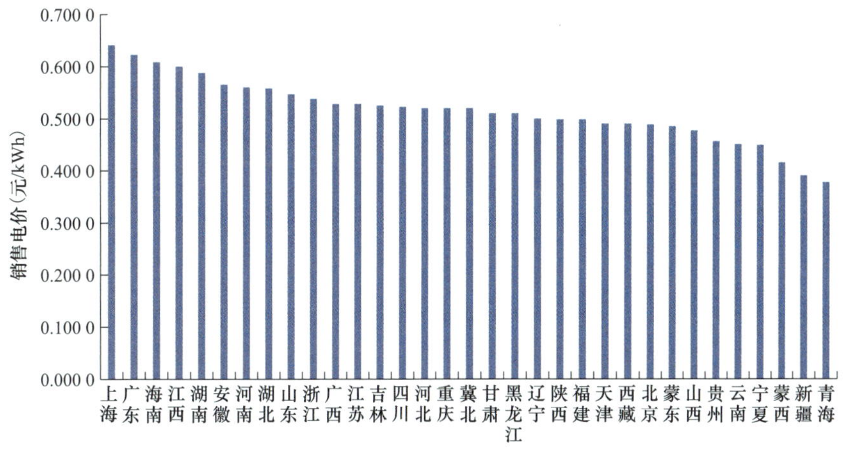

图 8-11 2020 年居民销售电价水平

注：广东省内分地市单独核定居民电价，图中选用广东各地市居民电价平均数。

也是全国最高的居民电价；其次为深圳 0.654 2 元/kWh 和阳江 0.650 2 元/kWh，均高于上海居民电价。经济发达地区居民电价普遍较高，如上海、广东、浙江、江苏高于全国平均水平，但北京、天津居民电价较低。

总体来看，居民电价远低于一般工商业销售电价。其中，一般工商业销售电价与居民电价比值最高为北京 1.61，最低为冀北 1.03，如图 8-12 所示。

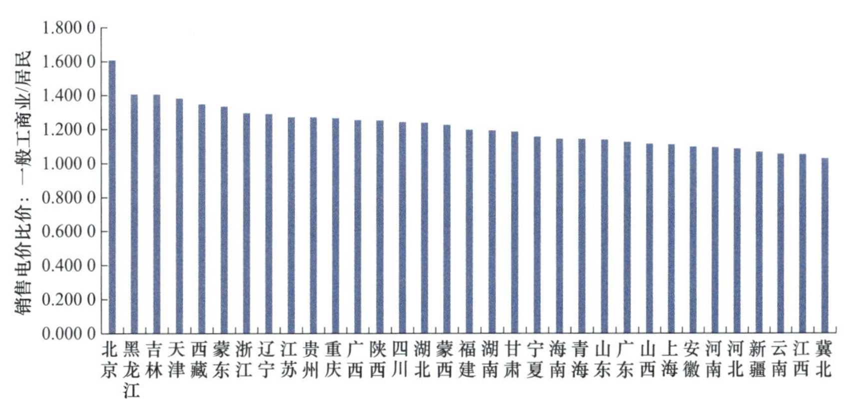

图 8-12 2020 年一般工商业销售电价/居民电价

注：选用 2020 年不满 1kV 一般工商业销售电价与居民电价之比计算得出。

8.4 市场化交易电价

电力市场化交易开展较早、交易量较大的典型省份包括广东、云南、山东、江苏、浙江等，其中广东、云南电力交易中心公开披露的交易年报信息较为丰富。由于两地电源装机结构的影响，广东参与电力市场化交易的机组以煤电为主，而云南以水电为主。

2019、2020年广东煤电基准价和市场化交易电价如表8-4所示。

表8-4　2019、2020年广东煤电基准价和市场化交易电价 单位：元/kWh

项　　目	2019年	2020年
煤电基准价	0.4530	0.4530
平均市场化交易电价	0.4128	0.4073
其中：年度双边协商交易	0.4079	0.4059
年度集中竞争交易	0.4143	0.4058
月度集中竞争交易	0.4225	0.4188
平均降价幅度	-8.87%	-10.09%

注　广东电力交易中心以价差方式报价，表中换算成市场化交易电价。

2020年广东煤电基准价为0.4530元/kWh，与上年持平；平均市场化交易电价为0.4073元/kWh，同比下降0.0055元/kWh。市场化交易电价与基准价的价差有所扩大，由8.87%上升为10.09%。

2019、2020年云南水电目录上网电价和市场化交易电价如表8-5所示。

表8-5　2019、2020年云南水电目录上网电价和市场化交易电价

单位：元/kWh

项　　目	2019年	2020年
水电目录上网电价	0.2650	0.2650
平均市场化交易电价	0.1808	0.1845
其中：月度双边协商交易	0.1652	0.1822
月度连续挂牌交易	0.2270	0.2221
日前交易	0.2245	0.1903
平均降价幅度	-37.70%	-30.38%

注　云南水电目录上网电价为各水电站核定上网电价算数平均。

2020年云南水电目录上网电价为0.265 0元/kWh，没有调整；平均市场化交易电价为0.184 5元/kWh，基本保持不变。市场化交易电价与目录上网电价的价差有所缩小，由37.7%降至30.38%。

从广东和云南的情况来看，2020年市场化交易电价总体仍低于基准价（目录价），价差幅度双向波动，市场化交易趋于理性。

8.5 电价政策

(1) 一般工商业电价降价。2020年2月，国家发改委印发《关于阶段性降低企业用电成本支持企业复工复产的通知》（发改价格〔2020〕258号），规定自2020年2月1日—6月30日，电网企业在计收除高耗能行业用户外（含已参与市场交易用户）的电费时，统一按原到户电价水平的95%结算。2020年7月，国家发改委印发《关于做好2020年降成本重点工作的通知》（发改运行〔2020〕1183号），指出继续降低电力用户到户电价5%至年底。

(2) 第二轮输配电价完成核定。继2019年底向社会公开征求意见后，2020年1月，国家发改委印发《区域电网输电价格定价办法》（发改价格规〔2020〕100号）和《省级电网输配电价定价办法》（发改价格规〔2020〕101号），标志着我国输配电价监管体系基本完善。依据上述定价办法，2020年9月，国家发改委制定出台了第二监管周期区域电网输电价格、省级电网输配电价，新的输配电价从2021年起执行。

(3) 电力现货市场建设持续推进。继2019年全国首批8个电力现货市场建设试点全部启动结算试运行之后，2020年试点连续结算试运行的周期进一步拉长，部分试点完成多月长周期连续结算试运行，相关配套规则进一步完善。5月起，湖南、湖北、江苏等多省电力辅助服务市场陆续启动模拟运行。南方区域统一调频辅助服务市场系统于2020年11月正式投入运行，是全国首个上线运行的区域调频市场系统。

(4) 电力交易机构股份制改造基本完成。2020年2月，国家发改委、国家能源局印发《关于推进电力交易机构独立规范运行的实施意见》（发改体改〔2020〕234号），明确电力交易机构单一股东持股比例不得超过50%。截至2021年6月，共有25家电力交易机构实现以上改革目标，机构数量占比57%。通过完善公司法人治理结构，电力交易机构与调度机构职能划分将更加清晰，有助于构建公开透明的电力交易市场环境。电力交易机构股权结构如表8-6所示。

表8-6　电力交易机构股权结构

类型	地区	第一大股东	第一大持股比例（%）	改革时间
区域电力交易中心	北京	国家电网公司	70.00	2020.11
	广州	南方电网公司	39.00	2021.3
省级电力交易中心	内蒙古	内蒙古电力公司	100.00	2021.3
	湖南	国网湖南电力公司	72.53	2020.8
	北京	国网北京市电力公司	70.00	2020.10
	山西	国网山西电力公司	70.00	2020.4
	山东	国网山东电力公司	70.00	2020.6
	湖北	国网湖北电力公司	70.00	2017.10
	重庆	国网重庆市电力公司	70.00	2019.6
	安徽	国网安徽电力公司	70.00	2020.8
	广东	广东电网公司	70.00	2019.9
	河北	国网冀北电力公司	70.00	2020.11
	宁夏	国网宁夏电力公司	69.93	2020.10
	陕西	国网陕西电力公司	67.00	2020.8
	海南	海南电网公司	67.00	2020.10
	西藏	国网西藏电力公司	66.70	2020.9
	吉林	国网吉林电力公司	45.00	2021.3
	青海	国网青海电力公司	45.00	2021.6
	甘肃	国网甘肃电力公司	44.00	2021.4
	云南	云南电网公司	44.00	2021.4

续表

类型	地区	第一大股东	第一大持股比例（%）	改革时间
省级电力交易中心	河南	国网河南电力公司	43.00	2021.6
	上海	国网上海市电力公司	43.00	2021.6
	江苏	国网江苏电力公司	43.00	2021.6
	新疆	国网新疆电力公司	43.00	2021.6
	浙江	国网浙江电力公司	43.00	2021.5
	蒙东	国网内蒙古东部电力公司	40.85	2021.6
	四川	国网四川电力公司	40.00	2021.3
	天津	国网天津市电力公司	40.00	2021.3
	河北	国网河北电力公司	41.00	2021.6
	福建	国网福建电力公司	40.00	2021.4
	辽宁	国网辽宁电力公司	40.00	2021.3
	黑龙江	国网黑龙江电力公司	40.00	2021.4
	江西	国网江西电力公司	40.00	2021.4
	贵州	贵州电网公司	39.00	2021.6
	广西	广西电网公司	37.36	2021.6

(5) 抽水蓄能电价机制不断完善。2021 年 5 月，国家发改委发布《关于进一步完善抽水蓄能价格形成机制的意见》（发改价格〔2021〕633 号），提出以竞争性方式形成电量电价以及完善容量电价核定机制，健全抽水蓄能电站费用分摊疏导方式，有利于更好地发挥抽水蓄能作用，以及促进社会资本参与抽水蓄能投资。

(6)“十四五”电价机制持续深化改革。2021 年 5 月，国家发改委发布《关于“十四五”时期深化价格机制改革行动方案的通知》（发改价格〔2021〕689 号），提出要持续深化电价改革。进一步完善省级电网、区域电网、跨省跨区专项工程、增量配电网价格形成机制，加快理顺输配电价结构。持续深化燃煤发电、燃气发电、水电、核电等上网电价市场化改革，完善风电、光伏发电、抽水蓄能价格形成机制，建立新型储能价格机制。平稳推进销售电价改革，有序推动经营性电力用户进入电力市场，完善居民阶梯电价制度。针对高耗能、高排放行业，完善差别电价、阶梯电价等绿色电价政策，强化与产业和环保政策的协同，加大实施力度，促进节能减碳。

8.6 电价发展趋势

8.6.1 上网电价

未来三年，上网电价发展趋势将出现分化，其中煤电、气电电价将有所上升，其余类型电源上网电价将小幅下降，主要原因如下：①近年煤炭、天然气等一次能源价格上涨迅速，而上网电价未能及时调整，抑制了发电企业生产积极性，加剧了电力供应短缺。各地正陆续出台放开电价上浮限制、调整电力中长期交易合同等多种政策措施，打开电价上涨空间。②除少量保障居民、农业用电的低价机组外，越来越多的电源机组将通过市场竞争定价。③风电、光伏发电补贴退坡和平价上网。预计 2021 年上网电价同比上涨，2022 年上网电价保持平稳。

8.6.2 输配电价

未来三年，输配电价进入第二监管周期，价格水平将较第一监管周期下降，主要原因如下：①成本费率、准许收益率等核价参数降低。②有效资产认定范围收窄，抽水蓄能电站、电储能设施、电动汽车充电桩等明确不计入有效资产。③投资精确性要求提升，未投入实际使用、未达到规划目标、擅自提高建设标准的输配电资产相关成本费用，不得计入准许成本。预计 2021 年输配电价同比下降，2022 年输配电价保持不变。

8.6.3 销售电价

未来三年，销售电价在减税降费政策环境、能源供给形势等综合影响下

将会有一定波动，主要集中于大工业电价和一般工商业电价，主要原因如下：①市场化改革不断加深，煤电发电电量全部放开，工商业用户全部进入电力市场，电价浮动范围扩大。②上网电价波动和输配电价变动将通过价格传导影响销售电价。③清理规范转供电加价将降低用户实际负担的销售电价。预计2021年销售电价同比上涨，2022年销售电价保持平稳。居民电价保持稳定，并将继续优化阶梯电价、分时电价等价格机制。

8.6.4 市场化交易电价

未来三年，市场化交易电价将出现上升趋势，主要原因如下：①主力电源煤电的市场化交易电价上浮范围由10%扩大至20%，且高耗能企业市场交易电价不受上浮限制。②风电等原本由电网全额保障消纳的高价电源将陆续进入市场化交易。预计2021、2022年市场化交易电价将有小幅上升。

8.6.5 综合展望

未来三年，各环节、各类型电价发展趋势出现分化。煤电、气电上网电价将小幅上升，其余类型电源上网电价将小幅下降；输配电价先降低后保持平稳；大工业和一般工商业销售电价有一定波动，短期内存在上升趋势，居民电价保持稳定；市场化交易电价将小幅上升。

第9章

重点发电企业经营状况分析

对重点发电企业经营状况的分析有助于通过企业展现我国电力行业整体的经营状况和发展态势。本章选取了我国电力行业中具有代表性的 9 家发电企业进行具体分析，包括中国华能集团有限公司、华润电力投资有限公司以及广东省能源集团有限公司等。国家电网和南方电网两大电网公司在第 7 章已进行了详细分析，本章不再重复。

9.1　分析思路及指标简介

本报告选取 9 家全国性和重要的地方性发电企业开展分析，具体包括中国华能集团有限公司（以下简称“华能”）、中国华电集团有限公司（以下简称“华电”）、中国大唐集团有限公司（以下简称“大唐”）、国家电力投资集团有限公司（以下简称“国电投”）、国家能源投资集团有限责任公司（以下简称“国家能源集团”）等五大发电集团和中国长江三峡集团有限公司（以下简称“三峡”）、华润电力控股有限公司（以下简称“华润电力”）以及地方发电龙头企业广东省能源集团有限公司（以下简称“广东能源集团”）、浙江省能源集团有限公司（以下简称“浙江能源集团”）。上述九家发电企业 2020 年发电量共计 41 494 亿 kWh，占全国全口径发电量的 54.4%，在我国发电行业具有代表性。

本报告将主要从企业的电力生产状况和财务经营状况两方面对各个发电企业进行综合分析。主要指标如表 9－1 所示。在评价企业的财务经营状况时，参考了国资委 2020 年《企业绩效评价标准值》中的评价标准。

表 9－1　　企业经营状况指标

电力生产状况分析	生产经营	营业收入、发电量、装机容量、机组平均利用小时数
	绿色发展	清洁能源装机占比、综合供电煤耗
财务经营状况分析	盈利能力	资产总额、所有者权益、营业总收入、净利润率、净资产收益率
	偿债能力	资产负债率、流动比率、速动比率
	营运能力	总资产周转率、固定资产周转率、流动资产周转率和应收账款周转率

9.2 电力生产状况分析

9.2.1 生产经营

2020年9家发电企业装机容量均同比增长，其中三峡、国电投、广东能源集团同比增速较高，分别为16.9%、16.8%、10.3%。近三年，重点发电企业中大部分企业的装机容量呈现逐年增长的态势，其中国电投增幅最高，2020年装机容量较2019年增长25.7%。各企业装机容量如图9-1所示。

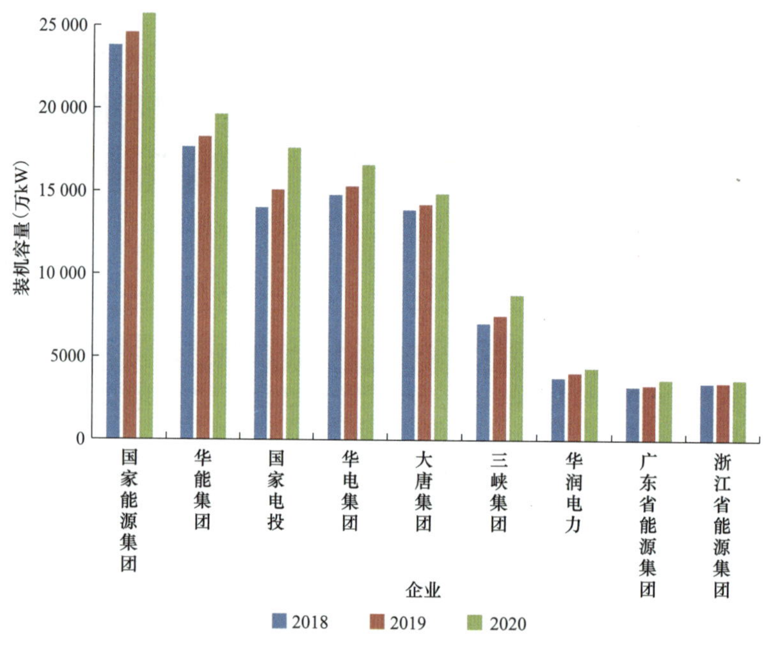

图9-1 重点发电企业装机容量

2020年大多数发电企业的发电量同比实现增长。三峡发电量同比增长14.2%，增速远高于其他企业，主要原因是其乌东德水电站投产；国电投发电量同比增长4.7%，增速位居第二；华润电力、大唐、广东能源集团、国家能源集团、华能、华电发电量同比微幅增长；浙江能源集团发电量同比略

有下降。火电设备平均利用小时数方面，2020 年华润电力利用小时数最高，为 4489h，处于领先水平；浙江能源集团、华电和广东能源集团设备利用小时数相对较低，均低于 4000h。除三峡未公布数据外，8 家发电企业火电设备平均利用小时数均比上年减少。整体来看，大部分发电企业装机容量增速高于发电量增速，机组平均运营效率有所降低。重点发电企业电力生产数据如表 9 - 2 所示。

表 9 - 2　　重点发电企业电力生产数据

企业	全年累计发电量（亿 kWh）	发电量同比（%）	火电设备平均利用小时数（h）	火电设备平均利用小时数同比（h）
国家能源集团	9829	1.4	4282	－271
华能	7083	0.4	4137	－299
国电投	5800	4.7	4057	－165
华电	5799	0.2	3681	－115
大唐	5577	2.7	4156	－77
三峡	3305	14.2	—	—
华润电力	1549	3.9	4489	－236
广东省能源集团	1185	2.4	3447	－296
浙江能源集团	1368	－2.0	3844	－164

注　国家能源集团火电设备平均利用小时数为估算值。

9.2.2　绿色发展

2020 年发电企业清洁能源装机容量[1]占比较上年有所提升。除三峡以外，国电投清洁能源装机占比最高，为 52%。国电投近年来大力发展清洁能源，在五大发电集团中处于领先地位。国家能源集团、华能、华电、大唐

[1] 本章指水电、风电、光伏及其他清洁能源装机容量；个别企业将生物质能并入火电装机容量进行披露，由于资料所限，本章未进行区分。

清洁能源装机容量占比接近，分别为26%、30%、31%和32%。广东能源集团和浙江能源集团的清洁能源装机容量占比较低，分别为12%和8%。整体来看，绝大部分发电企业装机结构逐渐转向清洁化，全国性发电企业装机结构清洁化步伐领先于地方性发电企业。重点发电企业2020年装机结构如图9-2所示。

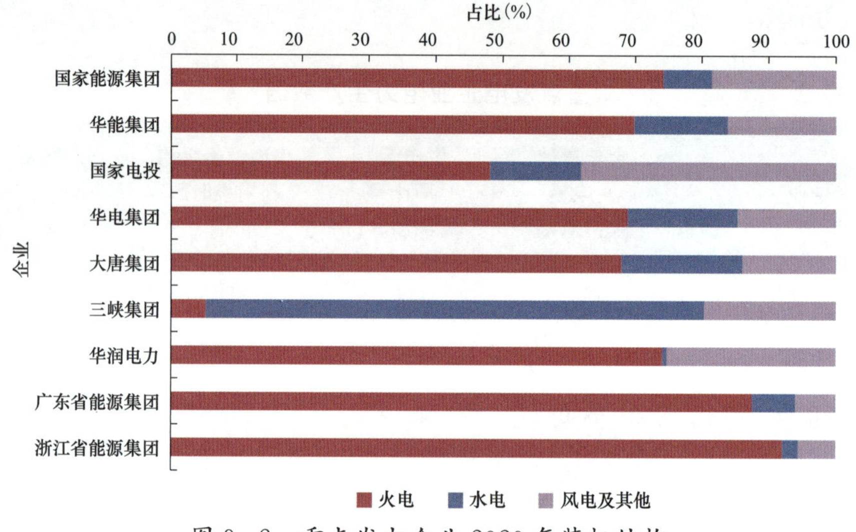

图9-2 重点发电企业2020年装机结构

综合供电标准煤耗率方面，绝大部分发电企业煤耗较上年有所下降。除国家能源集团、大唐、广东能源集团、浙江能源集团外，各企业煤耗均低于300g/kWh。华电煤耗最低，为295.3g/kWh。

2020年我国提出“双碳”目标，以五大发电集团为代表的各发电企业纷纷响应政策号召，提出服务“双碳”目标的电源清洁化转型目标和规划。国电投率先宣布，初步测算到2023年就可以实现“碳达峰”。华能、大唐、华电也陆续公布了到2025年清洁能源装机占比50%以上的目标。为实现低碳发展、绿色发展，各大发电企业采取了系列措施，主要包括以下方面：一是持续加大风、光、水、核等清洁能源开发力度；二是淘汰低效落后火电机组，推动火电转型升级；三是积极参与全国碳排放权市场建设，加强碳中和相关技术研究；四是运用“碳中和”债券等绿色金融手段赋能电源清洁化转型；五是积极发展综合能源服务产业。

9.2.3　小结

2020 年重点发电企业生产状况呈现以下趋势：

（1）克服疫情影响，电力生产能力平稳增长。2020 年本报告重点分析的发电企业装机容量均同比增长，增速比上年有所提升。伴随宏观经济逐渐从疫情冲击中复苏，电力需求稳步回升，我国全社会用电量实现同比小幅增长。受此影响，大多数发电企业克服疫情影响，发电量同比实现增长。整体来看，2020 年我国发电企业电力生产能力不断扩张。

（2）大力发展清洁能源，致力绿色低碳转型。2020 年在“双碳”目标下，我国大型火电企业不断加速新能源转型。本章分析的发电企业清洁能源装机容量占比同比继续提升，电源结构与前两年相比不断优化。以国电投为代表的央企向清洁能源领域投入更多的资金和资源，持续布局清洁能源，致力于优化电源结构。

（3）供电煤耗水平领先，火电机组利用小时数明显下降。我国重点发电企业供电煤耗持续保持在世界先进水平，华电等 4 家发电企业 2020 年综合供电标准煤耗率均低于 300g/kWh。在低碳转型背景下，大量新能源项目持续投产，这对各发电公司的火电业务产生直接冲击，本章分析的发电企业 2020 年火电设备平均利用小时数同比均明显下降，利用小时数偏低。

9.3　财务经营状况分析

9.3.1　盈利能力

（1）资产总额。2020 年各发电企业资产总额同比均有不同程度的增长。其中，华润电力增速最快，同比增长 36.4%，主要原因是华润电力 2018 年转让煤炭资产，而 2019—2020 年大量新能源项目投资建设及项目投产，从传统火电逐步向综合能源转型。三峡、浙江能源集团和国电投资产总额同比增速也超过10%。整体来看，大部分发电企业资产总额近三年来平稳增长。重点发电企业2018—2020年资产总额如图9-3所示。

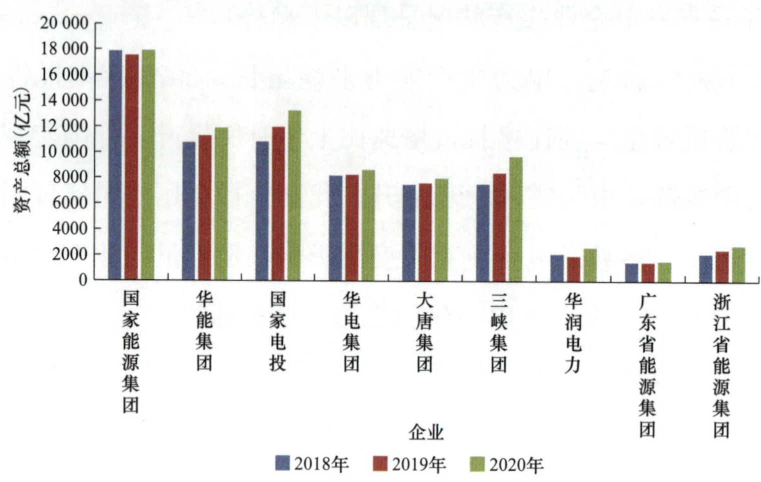

图9-3　重点发电企业2018—2020年资产总额

（2）营业总收入。2020年大部分发电企业营业总收入同比增长。其中，三峡营收增速最高，其同比增长12.54%，达到1117亿元，主要源于发电量增加；华润电力、国家能源集团、华能、国电投、华电、大唐营收同比小幅增长；广东能源集团、浙江能源集团营收小幅下降。近三年来，大部分发电企业营收有所增加，其中国电投、三峡增幅明显，如图9-4所示。

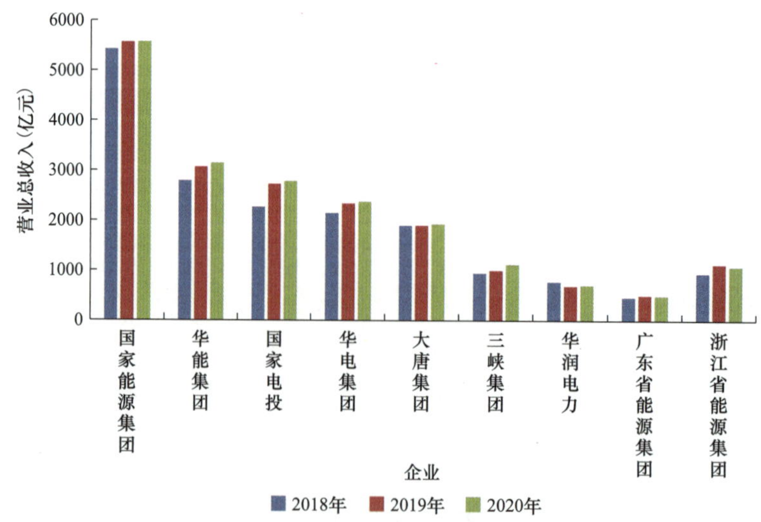

图9-4　重点发电企业2018—2020年营业总收入

(3) 净利率和净资产收益率。2020 年各发电企业净利率均比上年有所提升。以水电为主的三峡净利率持续领先于火电占比相对较高的其他发电企业，2020 年净利率高达 40.82%。在其他发电企业中，华润电力和国家能源集团净利率相对较高，2020 年净利率超过 10%；广东能源集团和浙江能源集团 2020 年净利率超过 8%。五大发电集团中的其他四家净利率较为接近，在 5%左右。近三年，个别发电企业的净利率受上网电量和电价影响有所波动，大部分发电企业净利率呈现逐年上升态势。重点发电企业 2018—2020 年净利率如图 9-5 所示。

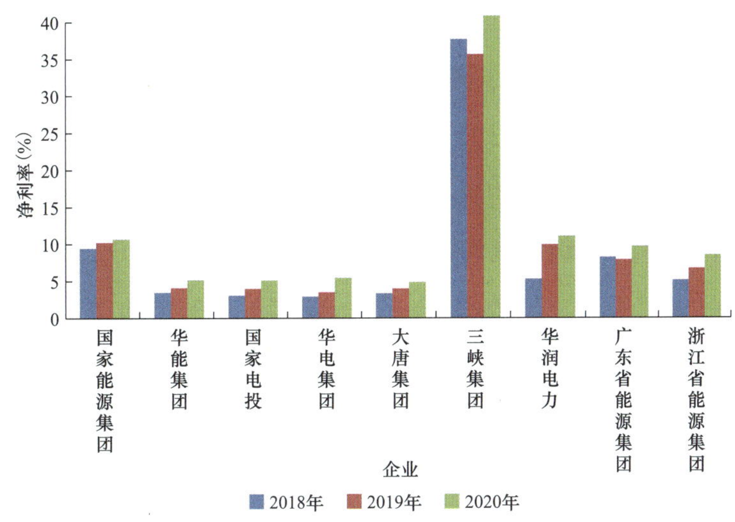

图 9-5　重点发电企业 2018—2020 年净利率

2020 年以水电为主的三峡净资产收益率为 10.09%，高于其他发电企业；国家能源集团、华润电力和浙江能源集团的净资产收益率较高，在 7%～8%之间；广东能源集团和华电的净资产收益率也超过了 5%；华能、国电投和大唐的净资产收益率约 4%。根据国资委企业绩效评价标准值[1]，三峡净资产收益率在水电行业大型企业处于良好水平；国家能源集团、华润电力和浙江能源集团、广东能源集团净资产收益率在同业

[1] 财务指标基准值方面，结合各企业装机结构情况，三峡集团选取水电行业大型企业值，国家电投选取电力生产行业大型企业值，本章选取的其他企业选取火电行业大型企业值。

大型企业中处于良好水平；华电、华能、国电投和大唐净资产收益率高于平均水平。

近三年，大部分发电企业净资产收益率呈现逐年上升态势，主要源于盈利情况改善。三峡净资产收益率先降后升，主要受上网电量先降后升等因素影响。华润电力 2020 年净资产收益率略微下滑，主要与其资产总额波动情况有关。重点发电企业 2018—2020 年净资产收益率如图 9-6 所示。

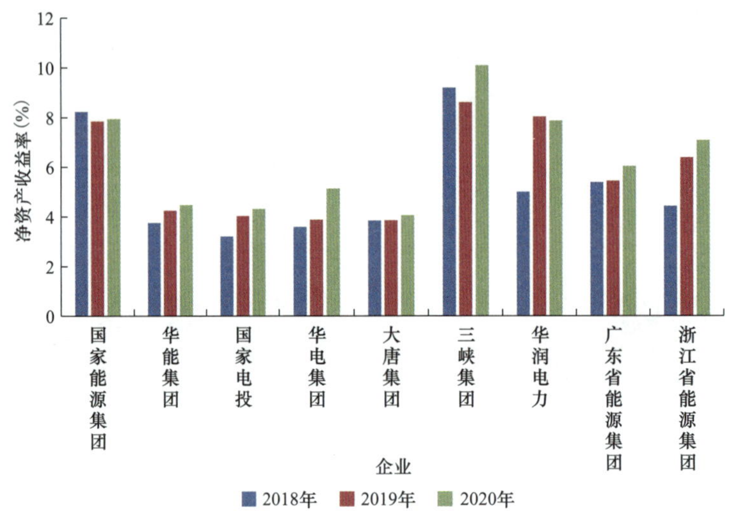

图 9-6 重点发电企业 2018—2020 年净资产收益率

9.3.2 债务风险和偿债能力

重点发电企业 2020 年债务风险和偿债能力指标如表 9-3 所示。

表 9-3 重点发电企业 2020 年债务风险和偿债能力指标

单位名称	资产负债率（%）	现金流量利息保障倍数	流动比率	速动比率
国家能源集团	58.83	5.82	0.59	0.53
华能	69.61	2.58	0.62	0.59
国电投	73.48	1.87	0.53	0.48

续表

单位名称	资产负债率(%)	现金流量利息保障倍数	流动比率	速动比率
华电	69.32	3.53	0.42	0.38
大唐	69.40	2.61	0.45	0.42
三峡	50.78	6.30	0.56	0.55
华润电力	59.19	—	0.62	0.58
广东能源集团	52.10	4.10	0.63	0.55
浙江能源集团	52.13	3.28	0.89	0.80

注　因华润电力报表未披露利息费用，无法计算现金流量利息保障倍数。

资产负债率方面，2020 年国电投的资产负债率达 73.48%，相对偏高。与同业大型企业相比，华能、华电、大唐资产负债率处于平均水平，国家能源集团、三峡、华润电力的负债率处于良好水平；广东能源集团、浙江能源集团的资产负债率处于优秀水平。现金流量利息保障倍数方面，国家能源集团、三峡、广东能源集团和浙江能源集团现金流量利息保障倍数相对较高，国电投现金流量利息保障倍数较低。整体来看，国家能源集团、三峡、华润电力、广东能源集团和浙江能源集团的资产结构较优，长期偿债能力较强；国电投长期偿债能力相对偏弱。

流动比率和速动比率方面，本章选取的发电企业两项比率均小于 1。在同业大型企业中，浙江能源集团的速动比率处于优秀水平，华能处于良好水平，其他企业速动比率优于平均水平。整体来看，浙江能源集团的短期偿债能力最为突出，华能的短期偿债能力较强，其他企业短期偿债能力较为普通。

9.3.3　营运能力

重点发电企业 2020 年营运能力指标如表 9 - 4 所示。

表 9-4　　重点发电企业 2020 年营运能力指标　　单位：次

单位名称	总资产周转率	固定资产周转率	流动资产周转率	应收账款周转率
国家能源集团	0.31	0.55	1.83	9.48
华能	0.27	0.54	1.45	5.15
国电投	0.22	0.43	1.23	4.94
华电	0.28	0.48	2.35	5.81
大唐	0.25	0.42	1.71	4.06
三峡	0.12	0.30	1.30	4.76
华润电力	0.30	0.42	2.00	3.94
广东能源集团	0.33	0.64	2.13	7.24
浙江能源集团	0.46	0.97	2.37	12.33

2020 年总资产周转率方面，浙江能源集团该比率最高，达到同业大型企业良好水平；国家能源集团、华润电力、广东能源集团该比率优于同业大型企业平均水平；其余企业该比率皆低于同业大型企业平均水平。固定资产周转率方面，浙江能源集团该比率接近 1，显著高于其他企业。

流动资产周转率方面，国家能源集团、华电、大唐和浙江能源集团该比率高于同业大型企业平均水平，其余企业流动资产周转率偏低。应收账款周转率方面，国家能源集团、浙江能源集团和华润电力该比率高，达到优秀水平；广东能源集团该比率处于良好水平；华电高于同业大型企业平均值；其他企业该比率偏低。

整体来看，国家能源集团、华润电力和浙江能源集团的营运能力较强，华电和广东能源集团营运能力良好，其他企业营运能力指标表现相对偏弱。

2020 年重点发电企业财务经营状况呈现以下趋势：

（1）发电企业规模不断扩大，盈利水平略有提升。2020 年重点发电企业经营规模不断扩大，资产总额和营业总收入规模持续提升。大部分以火电为主的发电企业盈利有所改善，净利润率和净资产收益率同比实现增长，主要受几方面因素影响：一是发电量增长带来营收增长；二是 2020 年前三季

度国内煤炭价格较低，火电企业燃料成本大幅缩减。以水电为主的三峡盈利能力稳步增长，其净利润率和净资产收益率持续领先于以火电为主的发电企业。

（2）偿债能力和营运能力保持平稳。整体而言，与上年相比，重点发电企业偿债能力和营运能力保持平稳。2020 年本报告分析的发电企业中的大部分企业资产负债率同比有所增加，但增幅较小，流动比率和速动比率较为平稳，长短期偿债能力较为稳定。营运能力方面，大部分发电企业营运能力指标表现与上年相近，部分企业营运能力存在提升空间。

9.4　重点发电企业发展前景展望

（1）生产和供应形势。预计未来三年，我国重点发电企业的电力生产规模仍将扩大，装机容量和发电量保持平稳增长势头，电力生产能力持续提升。在“双碳”目标下，发电企业加速推进电源清洁化进程。未来，我国重点发电企业的清洁能源装机容量占比将迅速提升。当前，国电投清洁能源装机占比已超过 50%，预计“十四五”期间将有更多发电企业清洁能源装机占比超过 50%。2021 年，预计重点发电企业装机容量和发电量稳步提升，清洁能源发电量占比持续增长。

（2）财务经营状况。预计未来三年，我国发电企业的盈利状况将保持平稳，但面临一定挑战。主要原因有以下几点：一是行业整体供过于求，受疫情影响，2020 年全社会用电量增速为 3.1%，伴随经济复苏，未来全社会用电量增速可能有所恢复，但发电企业营收增长空间不大；二是电煤价格和电力市场交易为短期内将对以火电为主的发电企业营收带来挑战；三是在建项目投产能够带来更多营收，但由于优质水电资源有限，水电行业增长空间长期来看将收窄，可能导致水电企业的盈利水平小幅波动。2021 年，由于全球大宗商品价格普遍上涨，煤炭价格高涨，预计火电为主的发电企业盈利水平受到不利影响。

（3）综合展望。未来三年，重点发电企业的生产能力将持续增长，电源结构不断优化，部分发电企业清洁能源装机容量占比将超过50%。受电力市场化改革、电煤价格波动等因素影响，预计发电企业的利润水平难有大幅提升空间。我国发电企业将持续推进向清洁化、国际化、数字化等方向转型。

第 10 章

“双碳”目标对电力投融资的影响

“双碳”目标将为我国未来社会经济的发展带来深刻变革。实现“双碳”目标，能源是主战场，电力是主力军，因而对电力投融资也将产生重大影响。

10.1 “双碳”目标对电力投资规模的影响

“双碳”目标的提出加速了能源结构转型的步伐，催生了中国市场的巨大发展机遇，尤其是“源网荷储”的新能源以及相关产业链投资成为新一轮市场增长的焦点，电力行业重塑投资格局，迎来长期价值投资新热潮。

10.1.1 电源侧清洁低碳投资

对于电源侧，电源结构将逐步由传统化石燃料为主向清洁低碳的新能源转变，新能源投资将占据主导地位，传统的火电投资比重逐年下降。新能源将从提供电量补充逐步成为提供电量支撑的主体电源，煤电将转为以提供电力为主、电量为辅的备用保障电源，气电主要作为调节性和保安电源，氢能、地热、核聚变能、可燃冰等有望成为新能源重要组成部分。

（1）新能源装机投资规模将大幅提升。由于新能源容量替代率低，电源装机规模将以数倍于电力需求的速度增长，进一步提升风电、光伏、水电、核电等几乎不产生二氧化碳的装机比重，逐步降低石油、煤炭、天然气等产生中高二氧化碳的装机比例，并加大现有石化电站的技术改造和落后电力产能的淘汰力度，最大限度地降低每度电的燃料消耗量。具体而言，传统煤电投资会受到一定制约，发电装机占比将进一步降低；风电、光伏投资有望迎来爆发性增长，发电装机占比将实现较大幅度提高；水电因在电力调峰中作用更加突出，投资开发水电站的规模将稳步上升；核电投资建设节奏加快，发电装机占比也将得到相应提升。

（2）新能源开发技术及配套装备投资规模增加。随着清洁低碳的新能源需求日益增加，开发新能源相应的配套技术及装备投资也成倍增长。电源清

洁化投资带动海上风电装备及服务发展，推动大功率海上风电机组及关键零部件、风电场智能化运营与维护、海上风电场施工等领域关键技术与装备的投资规模提升；新型光伏电池、智能运维设备、智能光电产品、先进制造装备等配套装备投资规模提升；水电绿色开发建设的投资规模增加，包括沿海通道等工程建设保障新能源消纳，同时水电调节等大型配套装置投资规模迅速提升；大型核电工程建设及小型堆设计研发及装备投资规模增加。

10.1.2　电网侧升级改造投资

对于电网侧，高比例和分布式的可再生能源电力系统对电网的承载力和灵活性提出挑战。为了促进新能源的并网和消纳，实现能源资源优化配置和高效利用，提升电网性能及效率的投资规模将持续扩大，坚强网架、数字电网、特高压将得到更多关注，电网技术升级及设备改造支出大幅度增加。

(1) 适应新能源发展的坚强网架的投资需求迅速提升，保障电网安全稳定运行。用电侧新业态新模式正在加速涌现，将加快建设安全、可靠、绿色、高效、智能的现代化电网，改造升级现有配电网建设，为深度拓展电能替代形势下的负荷持续增长提供坚强网架支撑，同时为分布式发电、虚拟电厂、电动汽车、储能等资源接入提供优化并网服务。具体而言，将持续完善主网架结构，达到“合理分区、柔性互联、安全可控、开放互济”的目标，提升能源资源优化配置能力。强化新能源富集地区送出通道建设，提升新能源消纳能力，保障电网安全稳定运行。跨区联网进一步加强，区域内各级电网协调均衡发展。配电网向“交直流混合柔性电网＋智能微电网”等多种形式协同发展，促进分布式新能源高效就地消纳。

(2) 数字电网投资规模增加，推动电网数字化转型和智能化调控。运用云计算、大数据、物联网、移动互联网、人工智能以及先进传感测量、通信信息、控制技术等现代化技术，改造和升级传统物理电网，逐步实现电网状态自我感知、故障缺陷自我诊断、电网控制自主决策等高级功能。通过实现电网与多能源系统、用户大数据交互，提升电网的灵活性和适应性，服务大规模集中式、分布式新能源并网和消纳，实现能源资源优化配置和高效利用，促进源网荷储协同发展。

（3）特高压电网建设支出增加，支撑可再生能源大规模开发利用。作为"新基建"的七大领域之一，特高压是先进的输电技术，具有远距离、大容量、低损耗的优势，是支撑西部大型水电、新能源基地开发外送的关键技术。为了平衡能源与负荷分布、促进新能源消纳，特高压等骨干输电通道的投资规模将迅速提升，推动可再生能源实现基地化、规模化开发。

10.1.3 负荷侧用电服务投资

对于负荷侧，"双碳"目标将推动电能占终端能源消费比重大幅提升，促使以电能为核心的消费服务投资规模迅速提升。电力行业将积极主动服务能源消费方式变革，持续开展电能消费服务和节能服务，推动能源资源高效配置和利用。

（1）电能消费服务投资规模迅速提升。"双碳"目标将加快推动"新电气化"进程，电力行业将聚焦新能源汽车等战略性新兴产业发展，加快投资充电桩等充电基础设施建设，提高设施利用率和市场占有率。推动多元互动的综合能源服务，构建智能互动、开放共享、协同高效的现代电力服务平台，满足各类分布式发电、用电设施接入及用户多元化需求。深度挖掘需求侧响应潜力，鼓励引导大用户参与实施需求响应，对参与需求响应的用电线路和设备在线监测，开展分行业的负荷数据治理与维护，提高负荷的可调节性。

（2）节能服务投资规模增长。聚焦建筑、工业领域提升节能标准，挖掘各领域节能潜力，利用智慧营业厅等推广节能技术应用，积极拓展前期节能诊断、节能改造设计，中期融资、工程实施和后期能源托管等一体化服务，推动提升新基建能效水平。统筹用户电、热、冷、气等用能需求，实现多种能源互补运行，提高能源综合利用效率。加强用电管理、推动电力电量节约，开展能效电厂、需求响应等项目，提高电能利用效率，从而在降低用户

用能成本的同时促进节能减排和经济社会健康发展。

10.1.4 储能高效、高容投资

储能是提升新能源消纳水平和电网灵活性、保障电网安全可靠的关键环节，为解决新能源的间歇性特点与电力供应稳定性之间的矛盾，将提升高效率、高容量储能投资，增加调节电源、电化学储能等新型储能装置投资规模。

(1) 抽水蓄能等调节电源投资规模增加。“双碳”目标将推动中长期抽水蓄能选点规划，加快抽水蓄能电站规划建设，增加抽水蓄能装机，推进城市中心调峰保安气电规划建设，增强电力系统灵活调节能力。电源侧着力推动储能与新能源互补发展，电网侧推进储能调峰调频应用，负荷侧推动储能实现负荷削峰填谷。充分利用储能技术，实现电力削峰填谷，提升能源电力整体利用效率。

(2) 新型储能装置有望实现规模化投资。氢能、燃料电池、化学储能等新型能源以及以充电桩为代表的电力替代业务将迎来历史性突破，成为电力投资与建设又一片“新沃土”，将成为能源电力投资转型发展的重要方向。越来越多不同技术路线的规模化储能，如氢能、碳捕集储能装置，以及蓄电（机械转换、化学转化等）和蓄热（水/冰蓄冷、热化学存储）等将根据不同需求在源网荷侧安装，参与控制，平衡时空变化的源与荷。因此，“双碳”目标下需要加快推进电力行业储能技术规模化应用，加强对源网荷储侧的灵活性建设，以提高系统的可控性和灵活性，保障供电可靠性和电能质量。

10.2 “双碳”目标下电力投资的转型创新

在“双碳”目标下，应科学选择电力行业投资方向、持续优化投资方式、不断提升投资目标、巩固加强国际战略合作、有序建设碳交易市场，切实推动电力投资创新，全力打造安全高效电力供应保障体系，坚定走好绿色

低碳、清洁高效的电力转型升级之路。

（1）投资方向上，从电力高碳排放投资到电力绿色投资。“双碳”目标下，电源结构将逐步由传统高碳排放的化石燃料为主向清洁低碳的新能源转变。电力投资的基本逻辑是秉承新发展理念，坚持可持续和集约化的思想，既要加大投资，更要绿色投资，实现电力投资的绿色转型和高质量发展。一是绿色电源投资，包括风电、光伏等新能源装机、新能源开发技术及配套装备投资等；二是电网投资，包括坚强网架、数字电网、特高压的建设及改造升级；三是以电能为核心的消费服务及节能服务投资，包括充电桩、综合能源服务等；四是高效率、高容量的储能投资，包括抽水蓄能、电化学储能等新型储能装置。电力投资将呈现清洁、绿色、低碳趋势，全力打造绿色电力。

（2）投资方式上，从固定资产投资为主到投并共进。过去我国电力项目投资以新建、自主开发为主，绿地项目较为常见，“投建营”一体化运作，投资方式缺乏多元化，风险分散能力较弱。随着“双碳”目标的提出及资本市场不断完善，未来电力行业将持续优化产业布局、调整产业结构，对于具有较强技术及创新能力、优质人才和优势资源条件的境内外企业，合理运用并购重组、股权投资、资产置换、合资控股、杠杆收购、战略联盟等方式整合上下游资源，淘汰落后产能并剥离不良资产，优化产业结构和业务布局，实现投资方式的多样化。

（3）投资目标上，从投资规模增长型到质量效益型转变。过去我国电力投资将投资规模的持续增长视为首要目标，单纯依靠增加资本、劳动力等生产要素的投入来实现装机及建设规模的迅速扩张，突出投资的增长速度。这种增长方式属于粗放型发展方式，在很大程度上是借助能源资源的高投入、高消耗来拉动的，生态环境效益较低，与“双碳”目标和可持续发展相悖。未来电力投资发展要转向集约型发展方式，注重投资的质量和综合效益，通过新能源开发等技术的进步、劳动者素质提升、管理精益化及制度创新等来实现经济的全面协调可持续发展，借助生产要素的优化组合来提高投资的效率和效益。

（1）投资区域上，从国内投资为主到加强国内外战略合作，促进绿色可持续责任投资。我国电力行业的投资重心一直在国内，而目前全球已有超过120 个国家和地区提出了碳中和目标，并购重组将是能源行业向净零排放转变的关键手段，行业整合和合作建立则是重要方式。这其中，既包含政府与企业、企业与企业之间的战略合作，也包含全球重要经济体之间的合作，如区域全面经济伙伴关系协定（RCEP）、中欧投资协定以及近期中美应对气候危机联合声明等，这些合作为行业带来积极影响，并促进中国区域经济一体化的产业升级。此外，为了加快对接“走出去”的国际化经营战略，应充分利用国内和国外“两个市场、两种资源”，通过对外直接投资、对外工程承包、对外劳务合作等形式积极参与国际竞争与合作。具体而言，应在新能源、输配电、综合能源服务等领域加强境外，尤其是“一带一路”国家的电力基础设施互联互通建设，借助境外投资和战略投资引进优质清洁电力资源，带动国内技术、管理、资本、服务、贸易输出，全面提升电力行业国际化发展水平和全球竞争力。

（2）投资标的上，增加对碳排放权等衍生金融产品的交易投资。随着“双碳”目标的提出及国内外对气候变暖引发危机的愈加重视，碳排放权这一新的价值符号进入了大众的视野。《京都议定书》为碳交易奠定了法律基础，对相关国家温室气体的排放量作出了限制，同时也衍生了以二氧化碳排放权为主要交易对象的碳交易市场。目前，国外已经构建了较为完备规范的碳排放权交易体系，我国碳排放权交易市场也于 2021 年 7 月 16 日正式启动，同时将加快推进碳期货市场建设。随着全国碳排放权交易市场的开放，将带来一系列投资机会，包括碳排放权交易、碳排放权抵质押、碳期货、碳债券、碳汇保险等衍生金融产品的交易投资，为电力行业带来了新的投资机遇。

10.3 “双碳”目标下电力融资的转型创新

随着我国电力行业的快速发展与资本市场的日益完善，我国电力行业融资机制持续优化。“双碳”目标下，市场上不断涌现新的发展机遇，更催生了我国电力行业融资向着社会资本多元化、融资渠道多样化、绿色金融体系化的方向转型创新。

（1）融资来源上，从资金来源单一化到资本多元化。电力行业与人们日常生活息息相关，更与国家经济命脉紧密联系，而且受“发输配售”各环节的自然垄断性、资金密集性及产业政策干预等因素的影响，国有资本在电力行业长期占据主导地位，各类市场主体和社会资本参与度较低。随着“双碳”目标的提出，新增大量绿色投资需求，新能源、电动汽车服务、储能等领域将吸引大量的社会资本，以积极响应巨大的零碳投资需求。越来越多银行和私募投资机构签署了《气候行动集体承诺》，同意支持对新能源的投资并退出碳密集型资产，这将鼓励社会资本的广泛参与。此外，电力领域的市场化改革将激发各类市场主体活力，更多市场主体参与公平竞争，社会资本将更加多元化。

（2）融资渠道上，从融资途径有限到渠道多样化。以往我国电力行业的融资渠道以自有资金、银行贷款、股票和债券为主，利用其他渠道获取的资金规模占比不大。“双碳”目标下衍生了众多投资机遇，随着业务量的增加和业务范围的拓展，融资规模不断扩大，为了寻求新增的、更广泛的资金保证，将助推电力行业融资方式的创新和多样化实践，有助于优化电力企业的融资结构，降低融资成本，分散资金风险。电力企业可以通过商业票据、商业保理、资产证券化、融资租赁、绿色不动产投资信托等方式，采取合理的融资策略，寻求多方位的融资渠道。同时由于电力企业信用较好，可以搭建金融平台，基于物资采购、电费结算等场景，依托电力行业产业链，以金融服务畅通产业循环，同时又以产业循环带动金融服务，有效促进电力产业链健康可持续发展。

（3）金融体系上，充分利用绿色金融板块。早在2016年，党中央、国务院批准中国人民银行牵头制定发布《关于构建绿色金融体系的指导意见》（银发〔2016〕228号），将绿色金融定义为“为支持环境改善、应对气候变化和资源节约高效利用的经济活动，即对环保、节能、清洁能源、绿色交通、绿色建筑等领域的项目投融资、项目运营、风险管理等所提供的金融服务”。随后，国家加快出台系列具体落地文件，绿色金融在标准和制度建设、产品创新领域取得突出成效，目前初步形成绿色金融政策体系。2021 年 9 月，中共中央办公厅、国务院办公厅印发《关于深化生态保护补偿制度改革的意见》，指出要加快建设全国用能权、碳排放权交易市场，研究发展基于碳排放权等各类资源环境权益的融资工具，推广生态产业链金融模式，鼓励绿色信贷、绿色债券、绿色保险等绿色金融服务。这些文件为电力行业金融业务板块发展绿色金融提供了新的契机，“双碳”目标下，绿色金融进入“快车道”。

绿色金融体系可分为绿色信贷、绿色债券、绿色投资、绿色基金和绿色保险等。电力行业可在绿色信贷、绿色债券和绿色投资领域拓展新业务，将资金向清洁能源技术、环保、节能、新材料和新能源汽车等行业的初创企业倾斜，也可成立绿色发展基金，在支持相关领域有发展潜力的企业的同时，获得投资收益。在绿色保险领域，我国目前已经开展的主要种类包括环境污染责任险、绿色农业相关保险和巨灾保险，电力行业可结合自身实际，设计相应的保险产品，重点在光伏发电、风力发电、核电、新能源汽车和节能环保等领域拓展业务，例如对于环境污染责任保险，可结合电力企业拥有的用电数据进行风险管控。此外，电力行业企业可以争取在绿色金融认证标准的制定上获得更大的话语权。认证标准或依据可以基于电力大数据和能源领域的专业优势，确保认证方案能够准确地判定出绿色企业和高污染企业，满足自身业务发展需求的同时将认证标准向全行业推广。

数 据 来 源

[1] 世界银行

[2] 国际货币基金组织

[3] 美国经济分析局

[4] 欧盟统计局

[5] 日本内阁府

[6] 俄罗斯联邦统计局

[7] 印度统计局

[8] 巴西国家地理与统计局

[9] 南非统计局

[10] 国家统计局

[11] 国家能源局

[12] 能源发展“十三五”规划

[13] 电力发展“十三五”规划（2016－2020年）

[14] 中国电力企业联合会 . 2009－2020年电力统计基本数据一览表

[15] 中国电力企业联合会 . 全国电力工业统计快报（2020年）

[16] Wind金融终端

[17] 中国风能协会

[18] 中国三峡新能源集团股份有限公司首次公开发行A股股票招股说明书

参 考 文 献

[1] 中国电力企业联合会．中国电力行业年度发展报告 2010—2020［R］. 北京：中国电力企业联合会，2010—2020.

[2] 中华人民共和国中央人民政府．2021 年国务院政府工作报告［R］. 北京：中华人民共和国中央人民政府，2021.

[3] 陈宁．光伏度电成本测算与分析［R］. 中国电力，2021，02 - 20.

[4] 朱玥，陶宇鸥．反转时刻，箭在弦上［R］. 兴业证券，2019，12.

[5] 开文明，丁亚．光伏 2020 年新政落地，全年需求保持乐观［R］. 新时代证券，2020，2.

[6] 郑丹丹，张阳．“碳中和”如何落地［R］. 东兴证券，2021，7 - 9.

[7] 殷中枢，玛瑞山，等．南京补贴 BIPV 建筑光伏潜力大，欧洲新能源车 3 月份增长迅速［R］. 光大证券，2021，32 - 33.

[8] 行业呼声：中国海上风电实现平价还需缓冲期［EB/OL］. https://baijiahao.baidu.com/s?id=1676607320872418930&wfr=spider&for=pc［2020 - 09 - 01］.

[9] 陈荣达．核安全技术体系探讨［J］. 核安全，2019，18（3）：43 - 50.

[10] 国家能源局．2020 年度全国可再生能源电力发展监测评价报告［R］. 北京：国家能源局，2021.

[11] 能源界．2020 年中国各地区光伏度电成本分析．［EB/OL］. http://www.nengyuanjie.net/article/41102.html［2020 - 10 - 04］.

[12] 全球经济数据网［EB/OL］. https://zh.tradingeconomics.com［2020 - 07 - 15］.

[13] 新华财经中国金融信息网［EB/OL］. http://dc.xinhua08.com［2020 - 07 - 15］.

[14] 英为财情［EB/OL］. https://cn.investing.com/economic - calendar/［2021 - 06 - 01］.

[15] 世界原子能协会和国际原子能机构反应堆信息系统［EB/OL］. https://www.world - nuclear.org/［2021 - 06 - 01］.

[16] 核能行业协会．2020 年 1—12 月全国核电运行情况［EB/OL］. http://www.china - nea.cn/site/content/38577.html［2021 - 01 - 27］.

[17] 广东电力交易中心．广东电力市场 2020 年年度报告［R］. 广州：广东电力交易中心，2021.

[18] 昆明电力交易中心．云南电力市场 2020 年运行总结及 2021 年预测分析报告［R］. 昆明：昆明电力交易中心，2021.

［19］中国电力企业联合会．当前电价政策机制相关问题［R］．北京：中国电力企业联合会，2021.

［20］中电传媒能源情报研究中心．2020年电力体制改革回顾与展望［R］．北京：中电传媒能源情报研究中心，2021.

［21］国家电网有限公司．国家电网有限公司2010－2020年社会责任报告［R］．北京：国家电网有限公司，2010－2020.

［22］中国南方电网有限责任公司．中国南方电网有限责任公司2010－2020年社会责任报告［R］．广州：中国南方电网有限责任公司，2010－2020.

［23］中国核能电力股份有限公司．中国核能电力股份有限公司2015－2020年年度报告［R］．北京：中国核能电力股份有限公司，2015－2020.

［24］中国广核电力股份有限公司．中国广核电力股份有限公司2014－2020年年度报告［R］．深圳：中国广核电力股份有限公司，2014－2020.

［25］中国华能集团有限公司．中国华能集团有限公司2016－2020年年度报告［R］．北京：中国华能集团有限公司，2016－2020.

［26］中国华电集团有限公司．中国华电集团有限公司2016－2020年年度报告［R］．北京：中国华电集团有限公司，2016－2020.

［27］中国大唐集团有限公司．中国大唐集团有限公司2016－2020年年度报告［R］．北京：中国大唐集团有限公司，2016－2020.

［28］国家电力投资集团有限公司．国家电力投资集团有限公司2016－2020年年度报告［R］．北京：国家电力投资集团有限公司，2016－2020.

［29］国家能源投资集团有限责任公司．国家能源投资集团有限责任公司2017－2020年年度报告［R］．北京：国家能源投资集团有限责任公司，2017－2020.

［30］中国长江三峡集团有限公司．中国长江三峡集团有限公司2016－2020年年度报告［R］．北京：中国长江三峡集团有限公司，2016－2020.

［31］华润电力控股有限公司．华润电力控股有限公司2016－2020年年度报告［R］．香港：华润电力控股有限公司，2016－2020.

［32］广东省能源集团有限公司．广东省能源集团有限公司2016－2020年年度报告［R］．广州：广东省能源集团有限公司，2016－2020.

［33］浙江省能源集团有限公司．浙江省能源集团有限公司2016－2020年年度报告［R］．杭州：浙江省能源集团有限公司，2016－2020.

［34］中国华能集团有限公司．中国华能集团有限公司2016－2020年社会责任报告［R］．北京：中国华能集团有限公司，2016－2020.

[35] 中国华电集团有限公司．中国华电集团有限公司 2016—2020 年社会责任报告［R］. 北京：中国华电集团有限公司，2016—2020.

[36] 中国大唐集团有限公司．中国大唐集团有限公司 2016—2020 年社会责任报告［R］. 北京：中国大唐集团有限公司，2016—2020.

[37] 国家电力投资集团有限公司．2016—2020 年社会责任报告［R］. 北京：国家电力投资集团有限公司，2016—2020.

[38] 国家能源投资集团有限责任公司．国家能源投资集团有限责任公司 2017—2020 年社会责任报告［R］. 北京：国家能源投资集团有限责任公司，2017—2020.

[39] 中国长江三峡集团有限公司．中国长江三峡集团有限公司 2017—2020 年可持续发展报告［R］. 北京：中国长江三峡集团有限公司，2017—2020.

[40] 广东省能源集团有限公司．广东省能源集团有限公司 2016—2020 年社会责任报告［R］. 广州：广东省能源集团有限公司，2016—2020.

[41] 浙江省能源集团有限公司．浙江省能源集团有限公司 2016—2020 年社会责任报告［R］. 杭州：浙江省能源集团有限公司，2016—2020.

[42] 联合资信评估有限公司．中国华能集团有限公司信用评级报告［R］. 北京：联合资信评估有限公司，2020.

[43] 联合资信评估有限公司．中国华电集团有限公司信用评级报告［R］. 北京：联合资信评估有限公司，2020.

[44] 中诚信国际信用评级有限责任公司．广东省能源集团有限公司信用评级报告［R］. 北京：中诚信国际信用评级有限责任公司，2020.

[45] 中诚信国际信用评级有限责任公司．浙江省能源集团有限公司信用评级报告［R］. 北京：中诚信国际信用评级有限责任公司，2020.